草根神话 系列丛书

财富的蓝图

赵德斌 / 编著

中国出版集团 现代出版社

图书在版编目(CIP)数据

财富的蓝图 / 赵德斌编著. —北京：现代出版社，2013.5(2021.8重印)
(草根神话)
ISBN 978-7-5143-1552-3

Ⅰ. ①财… Ⅱ. ①赵… Ⅲ. ①名人–生平事迹–世界
Ⅳ. ①K812

中国版本图书馆CIP数据核字(2013)第087375号

编　著　赵德斌
责任编辑　刘春荣
出版发行　现代出版社
通讯地址　北京市安定门外安华里504号
邮政编码　100011
电　话　010-64267325 64245264(传真)
网　址　www.xdcbs.com
电子邮箱　xiandai@cnpitc.com.cn
印　刷　北京兴星伟业印刷有限公司
开　本　700mm × 1000mm 1/16
印　张　12
版　次　2013年5月第1版　2021年8月第3次印刷
书　号　ISBN 978-7-5143-1552-3
定　价　32.00元

前 言

QIAN YAN

读小学时的一首诗至今仍然不时地回荡在记忆里，那就是白居易的《草》：“离离原上草，一岁一枯荣。野火烧不尽，春风吹又生。”野草具有顽强的生命力，它是斩不尽锄不绝的，只要残存一点根须，来年就能重新发芽，很快蔓延原野。那草正是胜利的旗帜，烈火再猛，也无奈那深藏地底的根须，不管烈火怎样无情地焚烧，一旦春风化雨，又是遍地青青的野草，野草的生命力是多么的顽强！

野草因其平凡而具有顽强的生命力；野草是阳光、水和土壤共同创造的生命；野草看似散漫无羁，但却生生不息，绵绵不绝；野草永远不会长成参天大树，但野草却因植根于大地而获得永生。野草富有民众精神，它甚至于带着顽固的人性弱点。草根具有强大的凝聚力，更具有强大的生命力和独立性。草根代表着这样一群人：他们知道自己很优秀，眼界比别人宽，舞台比别人大，但是他们简单，低调，很热爱身边的每个人，不自大，很快乐地骄傲着。他们来自祖国各地，聪明程度毋庸置疑，但仅有聪明是不够的。尽管他们曾经踌躇满志，但前路是遥远而坎坷的。或者因洁身自好，或者因厌倦红尘，或者因能力不够，或者是命运的捉弄，最终并非每个人都会站在时代的巅峰，也并非每个人都愿意站在时代的巅峰。从他们身上，我们也看得出社会对我们的期许，这就足够了。

对大多数青年而言，上大学是成才和进步的最佳路径，但由于环境和个人因素的诸多制约，不少人的大学梦往往止步于虚幻的梦想阶段，他们对于拥有知识、成就自我的热望，也就此沉淀在琐屑的劳作里。高等教育在一定程度上制约了社会群体的流动，也可能让部分人丧失努力和奋斗的勇气。其实，草根才是主流，草根人物的辉煌人生才是真正的神话。草根人物对自己内心观察和发展前途的思考是什么？草根人物崛起之路的底蕴是什么？草根人物的发展方向和步骤是什么？本书从人生起伏视角发掘古今中外草根人物的困惑和崛起根源，探讨草根人物的创业思路和挣钱方法，求证草根人物成功的秘密所在。旨在通过草根人物的传奇人生，深刻地解读他们的成功细节，是一部真正意义上的草根人生百科全书。

本书以专业独特的视角，轻松幽默的笔触，为你还原一个个古今中外草根人物的别具一格的传奇人生，深度解读他们成功路上的呐喊、彷徨和成就，为你带来一种真正意义上的心灵震撼之旅。

尽管我们付出了诸多的辛苦，然而由于时间紧迫和编者的能力所限，书稿错讹之处在所难免，敬请各方面的专家学者和广大读者批评指正，我们将不胜感激！

编 者

2012年11月

目 录

开 篇 草根的神话

第一章 草根巨富李嘉诚

第二章 草根传奇之阿曼德·哈默

第三章 沃尔玛的财富传奇

第四章 一代商圣——胡雪岩

第五章　宗庆后:42岁创业的新首富

第六章　低调的富豪——丁磊

第七章　中国网商奇人——马云

第八章　心灵导师——戴尔·卡耐基

第九章　比亚迪之父王传福

第十章　直销业奇才李金元

开篇　草根的神话

草根的含义

“草根”直译自英文的grass roots。

有人认为它有两层含义：一是指同政府或决策者相对的势力，这层含义和意识形态联系紧密一些；二是指“草根阶层”，人们平常说到的一些民间组织，非政府组织等等一般都可以看作是“草根阶层”。

“草根”一词的来源

有学者把非政府组织（也称为非官方组织，即NGO）称作草根性人民组织；另一种含义是指同主流、精英文化或精英阶层相对应的弱势阶层。比如一些不太受到重视的民间、小市民的文化、习俗或活动等等。

从各种文章来看，实际应用中的“草根文化”的含义远比以上的解释来得丰富。至少“无权”还是草根的特征之一。

网络也应该是一种草根文化（grass-rooted culture），它所能表述的是一种非主流、非正统、非专业或曰爱好者，甚至纯然出自民间草泽的人所构成的群体，他们使之区别于正统的主流的声音，有其独立存在的理由和独特优势。

还有另一种解释为出自民众的人：草根英雄，草根明星。

“草根”的说法产生于19世纪美国寻金热流行期间，盛传有些山脉土壤表层、草根生长的地方就蕴藏黄金，即英文grass roots。

“草根”在网络和现实中的解释可以说很全面。每一篇都谈到了“草根”及其来源，英语、汉语的解释，也都承认最早是流行于美国，而后在20世纪80年代传入中国，又被赋予了更深的含义，在各领域都有其对应的词语。正如“Do News”(IT新媒体资讯平台)的创建者刘韧在其博客《草根的感激》中说的一样：“草根是相对的。”

有一种说法叫“合群之草，才有力量”。这句话有两种解释：

第一就是不要孤芳自赏，要主动合作。

第二是人多力量大，团队合作的重要性，一棵草是永远也长不成参天大树的。

“草根”人物及其性格特点

近年来文化研究，学人多有引用“草根”一说者。野草因其平凡而具有顽强的生命力；野草是阳光、水和土壤共同创造的生命；野草看似散漫无羁，但却生生不息、绵绵不绝；野草永远不会长成参天大树，但野草却因植根于大地而获得永生。

野草富有民众精神，它甚至带着顽固的人性弱点，草根性具有强大的凝聚力，更具有强大的生命力和独立性。

“草根”人物主要有以下两个特点：第一，顽强。应该是代表一种“野火烧不尽，春风吹又生”的生命力；第二，广泛。遍布每一个角落。所以，每一个在自己键盘上坚持更新的Blogger(写博客的人，亦称博主)都是草根。

草根代表着这样一群人

他们知道自己很优秀，眼界比别人宽，舞台比别人大。但是他们简单，低调，很热爱身边的每个人，不自大，很快乐地骄傲着。

在我们身边有这样一群人：他们知道自己很优秀，眼界比别人宽，舞台比别人大。但是他们简单，低调，很热爱身边的每个人，不自大，很快乐地骄傲着。

人们都喜欢艺术家，那种提法怎么说呢，对人民艺术家来说，这个帽子足够大吧。

但是现在的娱乐界，尽管人人都喜欢被称为艺术家，但有些明星只能叫娱乐人，却不能叫艺术家。

身为尽人皆知的草根英雄，赵本山无疑是位值得尊敬的艺术家。20世纪80年代，赵本山与潘长江在沈阳北市大戏院演出《大观灯》，一演就是上百场，创造了演出奇迹。

如今已经成腕的赵本山在演出时还是一丝不苟。在很多人的眼里，赵本山跻身艺术家的理由显然充足，通过东北二人转这个东北三省人民的娱乐方式和精神母体发扬光大，同时将中国小品玩味到极致。

其实，英雄莫问出处，赵本山更值得人尊敬的在于当草根成了英雄后，自身仍保持着草根情结，在事业做得游刃有余之时，反手对东北二人转来记“化骨绵掌”，揭开拥有近300年历史的二人转的那块羞答答的红盖头。

从东北二人转到赵氏小品再到影视剧，赵本山用一记装疯卖乐、假痴不癫大法，将东北语言和民间元素表现得淋漓尽致。

放眼时下娱乐界，能做到像赵本山这般对人性和社会现象予以自嘲的同时，对娱乐界进行解构和推进的，有几人呢？毫无疑问，与假痴不癫相比，装疯卖乐更是一种人生大境界，没有几个人真正能够做到。

还有最受欢迎的草根歌手李宇春，她成功的一大标志是拥有着众多的“玉米”和人气。当她登上美国《时代》周刊封面有人撰文说:“李宇春登上《时代》周刊封面,中国呼唤平民英雄。”

其实,2005年“超级女声”的火爆,和境内外媒体的煽风点火不无关联。国内的主要报刊在6月份迅速跟进“超女”选题,有相当大一部分都是受到《今日美国》和《巴尔的摩太阳报》两份报纸的影响。

毕竟,在某种意义上,中国的影像工业造星乏术。尽管有若干影星占据银幕,也有少数摇滚歌手可以炒热体育场,但鲜有电视荧屏上的面孔能够真正出位,而这也正解释了为什么一个名叫李宇春的21岁四川女生会成为中国最受欢迎的流行歌手。

李宇春在湖南卫视那档类似“美国偶像”的歌唱比赛中胜出,并赢得了她独一无二的称号:“蒙牛酸酸乳超级女声”——这个节目吸引到了中国电视史上最大的观众群。

实际上,李宇春现象早已超越了她的歌声。李宇春所拥有的是态度、创意和颠覆了中国传统审美的中性风格。但是,李宇春确实拥有更多含义:她代表了张扬的个性,这就是她成为全国偶像的原因。

换言之,李宇春的个性特质是:其中性化的特点,在这个泛娱乐时代恰到好处地迎合了中性时代的到来。而李宇春其人的成功之处也在于,拥有自身的机遇,加之自身确实拥有一定的实力和努力,从而赶上了一个疯狂的娱乐时代。

李宇春本人亦是借“超女”包装出来的,借“超女”疯出来的,借一帮娱乐粉丝抬出来的。

正如同传统媒体和经纪公

司捧出明星一样，网络媒体自被广泛认可以来，也不断地捧出一个个网络名人，网民是一个特殊的群体。70后的人群在2000年前后，是网络的主力军，他们中的很多人都很有才华，也颇具个性。因而，网络吹捧出了大量的网络写手。

比如，2010年5月腾讯微博入驻过一位刚大学毕业的大学生，他用自己的亲身经历写出被新媒体、各大纸媒誉为中国首部最为经典的微小说《eilikochen京都生活记》，也被称为微小说创始人，他就是陈鹏。

年轻的他成为北漂的代表，腾讯微博粉丝数万，开创了文学史上新的篇章。

《eilikochen京都生活记》是中国首部及时纪实性连载微小说，作者陈鹏先生从2010年5月开始在腾讯微博实时在线写作，随时接受网友的互动参与，陈鹏自己的故事或身边的见闻趣事随时有可能被作者写进微小说里，因此受到网友的热捧。

但人们追捧这部微小说，不仅仅因为它是国内外线上发表的第一部微小说，更因为这部小说道出了现代人心中对现实生活、对各类情感的困惑与迷惘。

《eilikochen京都生活记》已在腾讯微博独家网络在线发布，至今仍在连载已更新发表一百四十回。

草根族

在论坛和博客中，开展评论非常自由，工资低可以呼吁，房价上涨可以发发牢骚，出租车提价可以评论，特别是在论坛上彼此互动，你一言我一语甚至争得不可开交。大家觉得很爽快。

"草根族"的评论有许多并没有石沉大海。

2003年，新华社首次披露中央高层领导对网络的重视看来"草根族"的评论并非人微言轻，"香草根"的"舆论场"作用，日益受到中南海高层的重视和肯定。

> **草根族**
>
> 时下"草根族"这个称呼很盛行，据说"草根族"这个称呼最早来源于法国资产阶级大革命时期，是对社会底层的百姓的一种称呼。
>
> 现在其所指也是社会最下层——平民老百姓的意思。互联网的论坛和博客为"草根族"搭建了一个自由言论的平台，他们可以畅所欲言的谈天下、谈社会、谈热点、谈对一些政策的看法。

然而"草根族"中也有"毒草根"。个别网民编造的谣言之所以具有强大的杀伤力，当然与网络的传播特性有关。通过转帖、邮件、即时聊天工具发送等方式，一个查无实据的谣言很快就能覆盖数量广泛的人群，进而在社会上造成严重的影响。

看来"草根族"中也有良莠之分，"草根族"在网络中应大力提倡自律，遵纪守法，自觉做促进社会主义文明的网民，共同创建健康的、积极向上的、文明的网络环境。

草根文化

"草根文化"是伴随着改革开放思想的解放、意识观念的革命、科技进步、市场经济发展、创新2.0的逐步展现引发的创新形态、社会形态变革及其带来的社会大众道德观念、爱好趣味、价值审美等变化出现的文化多样化的发展趋势，在民间产生的大众平民文化现象。

后来“草根”一说引入社会学领域，“草根”就被赋予了“基层民众”的内涵。

社会学家、民俗学家艾君在“改革开放30周年解读”中认为，每一次思想的解放、社会变革和科教的进步，都会派生和衍生出一些特殊的文化现象。

它的出现体现出改革开放后文化的多样性特点，也可以从一定意义上反映出以阳春白雪占主流的雅文化的格局已经在承受着社会文化中的“副文化、亚文化”的冲击。

这种特殊的文化现象其实是社会民众的一种诉求表达，折射出社会民众的一种生活和消费需求，以及存在的心理需求。

它具有平民文化的特质，属于一种没有特定规律和标准可循的社会文化现象，是一种动态的、可变的文化现象。科学技术发展引发了创新形态、社会形态的变革，创新2.0也正在成为知识社会条件下的典型创新形态并影响社会的草根化进程。

Web2.0是创新2.0在互联网领域的典型体现，而Blog则无疑是Web2.0的典型代表。

作为管制而没有充分发展，博客提供给普通大众和媒体精英以及潜在媒体精英同样的发挥机会和展示的舞台。

既然媒体精英进入博客写作市场，那么在充分竞争之后，中国博客发展一定和美国的Blog反专业主义、反精英主义发展完全相反，所以中国的博客之后的发展，一定是继续精英化，而不是像在美国祖先一样草根化。

其实不用再多说什么了，那些指望通过BSP（博客服务托管商）的首页，给自己的blog带来流量的草根们，恐怕只好先把自己弄成精英再说了。

草根文化的定义

草根文化，属于一种在一定时期内由一些特殊的群体，在生活中形成的一种特殊的文化潮流现象，它实际是一种“副文化、亚文化”现象。

看看新浪推荐的优秀Blog，余华、张海迪、潘石屹、徐小平真是够精英的。如果幸运，说不定你可以在左下角“最新更新Blog”那里露一下脸。

不否认精英的影响力，实际上新浪正是在利用他们的这种影响力，来吸引草根们到它的网站上开blog，这会很有效果。

但互联网正在把影响力赋予那些以前不具有影响力的人，blog圈是条长长的尾巴，而每个blogger都是这个尾巴上的那么一点。这就是《纽约时报》所说的，“Every one is famous for 15 people”（每个人都可以在15个人中大名鼎鼎）。这15个人，可能包括你的恋人、朋友、同事，你对他们的影响力，可能远远超过那些精英们对他们的影响力。

比如，我告诉你应该看超女，你可能不会看，但你的女友告诉你应该看超女，你就真的看了。

回到前面说的媒体管制，实际上所有的管制都是一部分人对另一部分人的管制，一部分精英对另一部分精英话语权的剥夺。所以很多话只能在自己的Blog上说。

不过有的人不认为写Blog的人会是精英，只不过他的Blog的读者略多于其他Blog而已，但不会像《读者》那样拥有几百万读者。

从媒体的角度看Blog，它的读者总数正在快速增加。尽管每一个单独的Blog都很小众，但它们的读者再少，也一定会有最忠实的。

整个Blog圈的读者绝对是个可以跟任何媒体相抗衡的数字，这就是长尾的威力。管制几个精英很容易,但管制几百万Blogger很难。

中国的Blog圈不可能走向精英媒体的道路，因为再微弱的声音也有发出来的欲望和可能。门户网站用精英做招牌，目的还是吸引大量的草根。Blog让草根不再只是充当衬托精英的背景，至少在15个人中，每个Blogger都是一个主角。

“草根文化”的现实意义

健康向上的“草根文化”会形成对主流文化的重要补充,但愚昧落后的“草根文化”无可否认也会对传统意义上的主流文化带来辐射、腐蚀和冲击。

改革开放三十多年来,“草根文化”的风起云涌,从一定意义看,丰富了人们的文化生活,补充了人们的精神需求,体现了文艺的“百花齐放,百家争鸣”,对主流文化进行了辅助和补充,使文艺体现出了真正的“雅俗共赏”之特点。但实际上对一些主流文化的普及和弘扬也是一种挑战。

任何的文化不能脱离了其社会价值和对社会发展所具有的责任,不能脱离了文艺的“二为”方向,“草根文化”因为其来自民间、来自生活,这些文化难免有的带有一定的糟粕和腐蚀性。

对待“草根文化”我们应该在“科学发展观”的指导下,剔除一些糟粕，尤其应该剔除那些对我国优秀的传统文化造成颠覆性的破坏较大的“草根文化”，倡导和发展那些群众所喜闻乐见又对社会发展有进

博客的分类

按照博客主人的知名度、博客文章受欢迎的程度,可以将博客分为名人博客、一般博客、热门博客等;按照博客内容的来源、知识版权,还可以将博客分为原创博客、非商业用途的转载性质的博客以及二者兼而有之的博客。

步意义的“草根文化”。

总而言之，对待日趋泛滥的“草根文化”现象，我们应该以“三个代表”重要思想为指针，以“科学发展观”为指导，采取“批判吸收的鉴赏态度”，认真领会认识“继承和发展的关系”“扬和弃的关系”“批判和吸收的关系”，继承和发扬“草根文化”中那些有益的精神文化内容，批判和剔除那些对人的修养、道德建设以及对社会发展、人类进步有腐蚀作用的“劣质内容”，让“草根文化”真正成为主流文化的重要补充，成为构建和谐社会、实现全民小康的一种社会动力和精神财富，成为一笔宝贵的文化遗产。

第一章　草根巨富李嘉诚

李氏家族背景

据《陇西李氏宗谱》所载洋尾李氏诗礼传家，家学渊源，人才辈出。莆田李氏还产生了莆田古代首屈一指的慈善家和富豪李富。李富具备积极进取、急公好义、乐善好施的精神品格。莆田李氏人文鼎盛，宋代以来有进士29人、职官122人。李氏家庭同大批因战乱而南迁的其他莆田家庭可以说都是书香世家。李嘉诚的曾祖父李鹏万曾经是清朝每12年选拔一次的文官八贡之一，一时传为佳话。李氏祖居门前用于插贡旗的碑座，就是历史的见证。因其家族人士治学风气甚浓，知书识礼，学问渊博，在乡村之中颇有名望，颇受村民尊重，故地位极高。

第一节　李嘉诚与家庭简介

个人速写

李嘉诚，男，汉族，1928年7月29日出生于广东省潮州城内北门街面线巷五号的祖家（今属潮州市湘桥区）。

语言：潮州话、粤语、英语、汉语，现任长江实业集团有限公司董事局主席兼总经理。

1928年出生于广东潮州，1940年为躲避日本侵略者的压迫，全家逃难到香港。

1958年，李嘉诚开始投资地产市场。

> **李嘉诚成功语录**
>
> 善谋划之道：先思考再出手巧布局之道，灵活运作开局面；明决策之道：认准的事情就去办；做挺身之人：证明自己是强者；做能力之人：靠自己打开人生新天地。

1979年，“长江”购入老牌英资商行——“和记黄埔”，李嘉诚因而成为首位收购英资商行的华人。

所获荣誉

1981年获选为“香港风云人物”。

1981年获委任太平绅士。

1989年获英女皇颁发的CBE勋衔。

1992年被聘为港事顾问。

1995年-1997年任特区筹备委员会委员，被评选为93年度香港“风云人物”，1999年亚洲首富等。

2011年4月上海——福布斯中文版杂志的统计，李嘉诚的总资产值达260亿美元蝉联全球华人首富。

家庭成员

父亲李云经，母亲庄碧琴。弟弟李嘉昭已故。

妹妹李素华已婚。妻子庄月明，跟李嘉诚诞下两子：长子李泽钜，已

婚,妻子王富信,(1996年,李泽钜大女儿李燕宁出世,次女于2000年6月出生,2004年8月5日,李泽钜的第三个女儿出世,2006年李泽钜儿子出生,这是李嘉诚的第一个男孙。)

李嘉诚幼子李泽楷,2009年和女星梁洛施秘密拍拖一年半,两人证实恋情,已于2009年4月底在多伦多为李泽楷诞下7磅重男婴,李嘉诚亲自替孙取名"长治"。2010年7月14日,梁洛施于6月底在美国旧金山生下男双胞胎。

个人履历

1943年,父亲李云经病逝。为了养活母亲和三个弟妹,李嘉诚被迫辍学走上社会谋生。李嘉诚的第一份工作是茶楼跑堂。

1945年8月日本投降。李嘉诚被调入高升街的一间钟表店当店员,期间他学会了钟表装配修理技术。

1947年,李嘉诚因不愿长期寄人篱下,便到一家五金厂当推销员。1948年,由于勤奋好学,精明能干,不到20岁的他便升任塑料花厂的总经理。

1950年,李嘉诚把握时机,用平时省吃俭用积蓄的7 000美元在筲箕湾创办了自己的塑胶厂,他将它命名为"长江塑胶厂"。

1963年,与庄月明结婚。1967年,左派暴动,地价暴跌,李氏以低价购入大批土地储备。

1972年,"长江实业"上市,其股票被超额认购65倍。到70年代末期,他在同辈大亨中已排众而出。

1978年,与国家领导人邓小平会面。

1979年,"长江实业"宣布与汇丰银行达成协议,斥资6.2亿元,从汇丰

> **李嘉诚说创业**
>
> 到现在我只敢说经营得还可以,我是经历了很多挫折和磨难之后,才领会一些经营的要诀的。创业的过程,实际上就是恒心和毅力坚持不懈的发展过程,其中并没有什么秘密,但要真正做到中国古老的格言所说的勤和俭也不太容易。而且,从创业之初开始,还要不断学习,把握时机。

集团购入老牌英资商行——“和记黄埔”22.4%的股权，李嘉诚因而成为首位收购英资商行的华人。

1984年，“长江实业”又购入“香港电灯公司”的控制性股权。

1986年，进军加拿大，购入赫斯基石油逾半数权益。1986年5月1日，李嘉诚母亲逝世。

1986年6月20日，国务院总理赵紫阳会见了李嘉诚。1987年，联同2名华资大亨李兆基及郑裕彤，成功夺得温哥华1986年世界专览会旧址的发展权。

1990年1月1日，夫人庄月明女士突发心脏病逝世。1994年，所管理的企业除税后赢利达28亿美元。1995年12月，长江实业集团三家上市公司的市值，总共已超过420亿美元。

1999年，长江实业集团除税后盈利达1,850亿港元。

2000年，长江实业集团总市值约为8,120亿港元。2009年，长江实业总市值约为10,000亿港元。

2010年7月30日，竞购法国电力集团旗下部分英国电网业务。

2011年福布斯富豪榜显示：李嘉诚位于排行榜第十一位。2012年福布斯富豪榜中，李嘉诚排名第九，荣膺亚洲首富。

荣誉博士

1986 香港大学荣誉法学博士学位

1989 加拿大卡加里大学荣誉法学博士学位

1992 北京大学荣誉博士学位

1995 香港科技大学荣誉社会科学博士学位

1997 香港中文大学荣誉法学博士学位

1998 香港城市大学荣誉社会科学博士学位

1999 英国剑桥大学荣誉法学博士学位

1999 香港公开大学荣誉社会科学博士学位

李嘉诚成功心得

1.我觉得，顾及对方的利益是最重要的，不能把目光仅仅局限在自己的利上，两者是相辅相成的，自己舍得让利，让对方得利，最终还是会给自己带来较大的利益。占小便宜的不会有朋友，这是我小的时候我母亲就告诉给我的道理，经商也是这样。

2.一个人一旦失信于人一次，别人下次再也不愿意和他交往或发生贸易往来了。别人宁愿去找信用可靠的人，也不愿意再找他，因为他的不守信用可能会生出许多麻烦来。

3.如果取得别人的信任，你就必须作出承诺，一经承诺之后，便要负责到底，即使中途有困难，也要坚守诺言。

4.我生平最高兴的，就是我答应帮助人家去做的事，自己不仅是完成了，而且比他们要求的做得更好，当完成这些信诺时，那种兴奋的感觉是难以形容的……

5.世情才是学问。世界上每一个人都精明，要令大家信服并喜欢不容易。

6.注重自己的名声，努力工作，与人为善，遵守诺言，这样对你们的事业非常有帮助。

7.讲信用，够朋友。这么多年来，差不多到今天为止，任何一个国家的人，任何一个省份的中国人，跟我做伙伴的，合作之后都成为好朋友，从来没有一件事闹过不开心，这一点是我引以为荣的事。

第二节　草根成功之路

李嘉诚早年历程

1938年日军轰炸潮州，刚刚读初中的李嘉诚在1939年6月与家人辗转到香港。

一家人寄居在舅父庄静庵的家里。祸不单行,这时候李嘉诚的父亲李云经因劳累过度不幸染上肺病。身为长子的李嘉诚一边照顾父亲,一边拼命地温习功课。

全家唯一的希望都寄托在李嘉诚的父亲身上，希望他能尽快把病养好,让全家能渡过这一难关。父亲没能熬过那年冬天,还是撒手归西了。

作为长子,14岁的李嘉诚被迫离开了心爱的学校,用他还很稚嫩的肩膀,毅然挑起赡养慈母、抚育弟妹的重担。

李嘉诚先在舅父庄静庵的中南钟表公司当泡茶扫地的小学徒。李嘉诚到这里之后,学到的第一个功夫就是察言观色,见机行事。他每天总是第一个到达公司、最后一个离开公司。

辛苦而困难的3年过去了,当年那个14岁的少年已经长成精瘦但结实、英气十足的小伙子了。

17岁的李嘉诚在一家五金制造厂以及

塑胶带制造公司当推销员，开始了香港人称之为“行街仔”的推销生涯。

> **李嘉诚语录**
>
> 凡事都留个余地，因为人是人，人不是神，不免有错处，可以原谅人的地方，就原谅人。据香港媒体报道，到目前为止，长江集团主席李嘉诚通过他的基金会向内地及香港地区的捐款超过了50亿港元。

李嘉诚推销成就

当今世界很多杰出的企业家都从事过推销工作。推销是一门十分复杂而且不容易学会的工作。

李嘉诚酷爱读书。每天白天工作之后，晚上他还要买些旧书来自学，学完的旧书再拿到旧书店去卖，再用卖掉的钱买新的旧书。这样既学到了知识，又节省了很多钱。

最初，李嘉诚向客户推销产品之前，心情总是十分紧张。于是他就在出门前或者路上把要说的话想好，反复练习，从而成功地克服了紧张的心理。

渐渐地，李嘉诚发现自己不仅推销有术，而且大有潜力。他那与生俱来的观察能力和分析能力十分适合于做推销员。

他总是能凭着直觉看出客户是什么类型的人物，并且能马上了解客户的心理和性格，从而定好相应的推销策略。

李嘉诚认为，在从事推销工作的时候必须充满自信，而且要熟悉所推销的产品，尽最大努力，设法让客户感到你的产品是廉价而且优秀的。并

且,最重要的是,要时刻注意客户的心理及其变化,时刻使他们有兴趣听自己讲述,而不认为是在浪费他们的时间。

很快,李嘉诚成了全公司的佼佼者。但李嘉诚从来不喜欢高谈阔论,他认为从事推销工作,重要的有两点:一是勤劳,二是创新。

由于出色的推销成绩,李嘉诚18岁就做了部门经理,两年后又被提升为这家塑胶带制造公司的总经理。

走南闯北的推销生涯,不仅初步形成了李嘉诚的商业头脑,丰富了他的商业知识,而且也使李嘉诚结识了很多好朋友,教会了他各种各样的社会知识。

同时,在推销过程中,也使他学会了宽厚待人、诚实处世的做人哲学,为他日后事业的发展,打下了良好的基础。

20世纪六七十年代的快速发展

1950年夏天,说干就干的李嘉诚以自己多年的积蓄和向亲友筹借的五万港元在筲箕湾租了一间厂房,创办了长江塑胶厂,专门生产塑胶玩具和简单日用品,由此起步,开始了他叱咤风云的创业之路。

> **李嘉诚大楼**
>
> 继香港大学医学院以李嘉诚名字命名后,新加坡国大将校园内一幢建筑物命名为"李嘉诚大楼"。在新界粉岭的东华三院李嘉诚中学,亦是以他名字命名的。校内不少设施的建设费用亦是由他捐赠的,包括学校礼堂的冷气系统和建造校舍新翼的费用。

李嘉诚通过眼观耳听,大致悟出塑胶花制作配色的技术要领。在香港快人一步研制出塑胶花,填补了香港市场的空白。

李嘉诚走物美价廉的销售路线,大

部分经销商都非常爽快地按李嘉诚的报价签订供销合约。

有的为了买断权益，主动提出预付50%订金。

李嘉诚掀起了香港消费新潮流，长江塑胶厂由默默无闻的小厂一下子蜚声香港塑胶业界。

1957年岁尾，长江塑胶厂改名为长江工业有限公司。公司总部由新蒲岗搬到北角，李嘉诚任董事长兼总经理。

厂房分为两处，一处仍生产塑胶玩具，另一处生产塑胶花。李嘉诚把塑胶花作为重点产品。

塑胶花为李嘉诚带来数千万港元的盈利，长江厂成为世界最大的塑胶花生产厂家，李嘉诚塑胶花大王的美名，不仅蜚声全港，还为世界的塑胶同行所侧目。

第三节　爱情事业双丰收

青梅竹马

每一个成功的男人背后都有一位为他默默付出的女人，李嘉诚也不例外。

李嘉诚的事业能够取得今天的巨大成功与他的原配夫人庄月明女士是密不可分的，如果没有庄月明，或许今天李嘉诚只是个富商。

> **李嘉诚语录**
>
> 人才缺乏，要建国图强，亦徒成虚愿。反之，资源匮乏的国家，若人才鼎盛，善于开源节流，则自可克服各种困难，而使国势蒸蒸日上。从历史上看，资源贫乏之国不一定衰弱，可为明证。

说起李嘉诚这位华人首富的婚姻生活，至今也算是凤毛麟角而较为少见，然而深埋在李嘉诚内心的事业与婚姻风雨，无时不在影响着李嘉诚的人生情感！

> **李嘉诚语录**
>
> 对人诚恳，做事负责，多结善缘，自然多得人的帮助。淡泊明志，随遇而安，不作非分之想，心境安泰，必少许多失意之苦。

1928年7月29日(农历六月十三日)，李嘉诚出生在广东省潮州市北门街面线巷的一个教师之家。

5岁那年，李嘉诚在父亲李云经的引导下，祭拜孔子儒学，进入观海寺小学念书。1937年7月7日，日本侵华战争全面爆发。

1941年李云经与妻子庄碧琴商议，决定带上李嘉诚、李嘉昭和李素华三兄妹前往香港投奔妻弟庄静庵。李嘉诚的舅舅庄静庵，是香港钟表业的老行家。今日有关香港钟表业的著作，莫不提及庄氏家族的中南钟表有限公司。

庄家长女叫月明，比李嘉诚小四岁，聪明伶俐，被父母视为掌上明珠。月明在教会办的英文书院念书。

小月明一点也不嫌弃穷表哥李嘉诚，相反还十分同情他。李云经发现香港是一个金钱至上的商业社会，于是告诫李嘉诚兄妹，要在香港生存下去，就要学做香港人。而要与香港社会融为一体，第一步就是要过语言关，改掉潮汕口音，学好广东话。

从此，月明就成了李嘉诚的广东话老师。表妹用心教，表哥认真学。

不久，李嘉诚便能用广东话与香港人交流了，月明十分高兴。李嘉诚也发挥自己的长处，教月明学习中国古典诗词。

这一对"金童玉女"两小无猜、互相学习的情景，是当时庄家最为动人的风景。

那一段日子，也成了李嘉诚动荡童年中最温馨的回忆。

白手起家

1941年12月8日，太平洋战争爆发，圣诞节前夕，香港英军向日军投降。港币不断贬值，物价飞涨，李家生活愈加困难，而李云经又在这时病倒了。1943年冬天，李云经病重，他把李嘉诚叫到床前，轻声告诫道：“求人不如求己。吃得苦中苦，方为人上人。失意时莫灰心，得意时莫忘形。”14岁的李嘉诚坚定地点了点头，李云经才放心地闭上了眼睛。

父亲去世了，李嘉诚自觉长大了许多，他明白，从此以后他要挑起全家的生活重担了。尽管舅舅表示要资助李家，但倔强的李嘉诚仍然决定中止学业，打工挣钱。他相信只要自己肯努力，一定能出人头地。

舅舅表示支持他，因为舅舅自己也是十多岁就离开父母到广州打天下的。不过，他仍然没有让李嘉诚进他的公司。李嘉诚明白没有人可以帮助他，他必须赤手空拳闯出一条路来。

月明走的却是完全不同的另一条路。她以优异成绩从英华女子中学毕业后，进入香港大学，后来又留学于日本明治大学。她的生活之路充满阳光和鲜花。

难得的是，她从来没有嫌弃过表哥。而且，她与李嘉诚两小无猜的纯真感情还随着年龄的增长转变为热烈的爱情。她一直牵挂着在香港拼搏的表哥。

李嘉诚踏上谋生路后，不管是当茶楼的堂倌，还是当钟表公司的学徒，月明对李嘉诚都是一往情深，她在精神上对李嘉诚的慰藉和支持，鼓舞着李嘉诚战胜了一个又一个的困难。

1950年，年仅22岁的李嘉诚在筲箕湾创办长江塑胶厂。“长江”取意于“长江不择细流，故能浩荡万里”，足见李嘉诚的雄心壮志。月明更加欣赏表哥，并为他感到自豪。

办厂初期，曾经出过质量事故，李嘉诚再一次体会到世态炎凉。危难之中，不变的是庄月

送给儿子们的几句话

一.克勤克俭，不求奢华。
二.学会培养独立的生活能力。
三.赚钱靠机遇，成功靠信誉。
四.耐心等待成功的到来。
五.有胆识也要有谋略。

明对表哥的一片赤诚之心。爱情的力量,将历经磨难的李嘉诚锻造成不屈的男子汉。

1955年,长江塑胶厂终于出现了转机,产销渐入佳境。1957年,李嘉诚到意大利考察,回港后率先推出塑胶花,随即成为热销产品。

不久,他又积极开拓世界市场,很快就成为"塑胶花大王"。

1958年,李嘉诚涉足地产业,在港岛北角建起了第一幢工业大厦;1960年,又在柴湾兴建了第二幢工业大厦,李嘉诚的事业迅速走向辉煌。

终成眷属

李嘉诚已经事业有成,他与庄月明的爱情也本该瓜熟蒂落,但好事多磨,若按世俗的眼光,他们并不门当户对。

月明出身富贵名门,受过高等教育,才貌双全;而李嘉诚出身寒微,只读过初中,虽然事业初成,但将来怎样还是未知数。而庄静庵和李嘉诚母亲庄碧琴也表示反对。

转眼到了1963年,李嘉诚已经35岁,月明也已经31岁,他们对爱情的执著和真诚终于感动了庄静庵夫妇和庄碧琴,同时李嘉诚在商业上创造的奇迹也越来越让庄静庵感到惊奇,他们终于同意两人(近亲)结婚。在一片祝福声中,李嘉诚牵着庄月明的手,幸福地踏上了红地毯。

为了让爱妻住得舒适,李嘉诚斥资63万港元买下一幢花园洋房,这就是李嘉诚现在仍然居住的深水湾道79号3层住宅。当时李嘉诚并不算大富豪,一下子拿出63万港元很不容易,所以有人说,这是他送给妻子的最好礼物。

李嘉诚语录

随时留意身边有无生意可做,才会抓住时机把握升浪起点。着手越快越好。遇到不寻常的事发生时立即想到赚钱,这是生意人应该具备的素质。

婚后，庄月明加入长江工业公司，她流利的英语和日语、谦和勤勉的作风，深得同事的尊敬。

1964年8月和1966年11月，李泽钜和李泽楷兄弟相继出生，庄月明渐渐退居幕后，相夫教子，孝敬家婆。

在她的悉心教导下，李泽钜、李泽楷兄弟均勤奋好学，先后赴美国大学深造。

1972年11月，“长江实业”上市，这是李嘉诚事业上的重大转折点。庄月明出任执行董事，是公司决策层的核心人物之一，李嘉诚不少石破天惊的决策，均蕴含了庄月明的智慧和心血。

庄月明在公众面前始终保持低调，她很少露面，也不接受记者采访。所以人们在谈论李嘉诚的“超人”业绩时，很少会提到庄月明。其实如果李嘉诚的生命中没有庄月明，真不知他会变得怎样。

一生挚爱

进入20世纪80年代，李嘉诚的事业如日中天。庄月明别无所求，丈夫事业成功就是她最大的心愿。1989年12月31日夜，李嘉诚携夫人出席在君悦酒店举行的迎新年宴会，夫妇俩容光焕发，是宴会上最“抢镜头”的一对伴侣。不料翌日下午，庄月明却突发心脏病，于医院逝世，年仅58岁。当时李嘉诚也才60出头，身体硬朗，精神奕奕，又是富豪，因此不乏主动示爱的美女。香港不少富商都以绯闻为荣，但李嘉诚始终如一块白璧。港人都知道李嘉诚和庄月明情深似海，所以至今竟无人向他提及续弦之事。这些年来，李嘉诚获得了无数的名誉，这便是他的人品的最好证明。

第四节 华人首富的传奇故事

成就李嘉诚的一道功夫茶

李嘉诚当年创建长江塑胶厂，把从意大利偷师学艺回来的塑料花生产技术应用上，一时间生意火暴。

由于产品供不应求，出现了降低产品质量来应付订单的情况。结果许多客户对低质量的产品要求退货，银行追债，客户追款，塑胶厂顿时陷入困境，濒临破产。

这天，母亲庄碧琴叫李嘉诚："儿啊，给妈妈泡一道功夫茶。"李嘉诚用地道的凤凰茶给妈妈泡上一道潮州功夫茶。

庄碧琴吩咐李嘉诚坐下来，品了几口茶后，问："你认识老家开元寺法号叫元寂那个住持么？"

未等李嘉诚回答，庄碧琴继续说道："元寂年事已高，希望找个合适的接班人。候选人是他的两个徒弟，一个法号一寂，另一个法号二寂。"李嘉诚静静地听着母亲说，并不插话，只是给母亲满上一杯功夫茶。

> **李嘉诚语录**
>
> 1. 失去信用，就是自己断了自己的后路。
> 2. 诚实的人永远有饭吃。
> 3. 管理自己，以谦虚为怀。

庄碧琴呷了一口功夫茶，又接着说："元寂把这两个徒弟都叫到跟前，说：'我现在给你俩每人一袋稻谷，明年秋天以谷为答卷，谁收获的谷子多，谁就是我的接班人。'第二年秋天到了，一寂挑来满满的一担谷子,二寂则两手空空。元寂却当众宣布二寂担当接班人。”

李嘉诚打断母亲的话:“不是说好谁收获的谷子多,就选谁当接班人么?”

庄碧琴笑了笑,说:“是的。一寂听了,不服气地说:‘分明我收获了一担谷子,二寂颗粒无收,怎么能够让他担任住持啊!’元寂微微一笑,高声地对众人说:‘我给一寂和二寂的谷子,都是用滚水煮熟的。显然,二寂是诚实的,理应由他来当住持。’于是,众人悦服。”

庄碧琴忽然话锋一转,“经商如同做人,诚信当头,则无危而不克了。”

李嘉诚听罢母亲的话,深有感悟。不久,李嘉诚的诚信打动了银行、供货商和员工,形势因之好转,危机成就了商机。李嘉诚从此在商界站稳了脚跟。

我们长江要生存,就得要竞争;要竞争,就必须有好的质量。只有保证质量,才能保证信誉,才能保证客户,才能保证长江的发展壮大。

李嘉诚极其看重自己产品的质量。李嘉诚宣布:从今以后,长江的产品,没有次品。

硬币故事

传说李嘉诚先生一次从家中出来,正当秘书为其开车门弯腰欲上车的刹那,不小心从上衣口袋掉出一个硬币。

不巧的是这个硬币滚落到路边的井盖下面。于是李嘉诚先生让秘书通知专人前来揭开井盖,小心翼翼在井下寻找该硬币。

> **李嘉诚语录**
>
> 不义而富且贵,于我如浮云。是我的钱,一块钱掉在地上我都会去捡。不是我的,一千万块钱送到我家门口我都不会要。我赚的钱每一毛钱都可以公开,就是说,不是不明白赚来的钱。

大约十分钟后，终于找到了硬币，于是李嘉诚先生“奖励”这位服务人员100元港币。有人不解，以为“落井”的这枚硬币有特殊身份，其实就是普通硬币。

李嘉诚先生这样解析：一枚硬币也是财富，如果你忽视它，它“落井”了，你不去救它，那么慢慢地财神就会离你而去；100元港币则是李嘉诚先生对服务的满意、也是该得的报酬。

成功格言

1.与新老朋友相交时，都要诚实可靠，避免说大话。要说到做到，不放空炮，做不到的宁可不说。

2.即使本来有一百的力量足以成事，但我要储足二百的力量去攻，而不是随便去赌一赌。

3.人才取之不尽，用之不竭。你对人好，人家对你好是很自然的，世界上任何人也都可以成为你的核心人物。

4.知人善任，大多数人都会有部分的长处，部分的短处，各尽所能，各得所需，以量才而用为原则。

5.决定一件事时，事先都会小心谨慎研究清楚，当决定后，就勇往直前去做。

6.在剧烈的竞争当中多付出一点，便可多赢一点。

第五节　长江集团旗下的公司

长江实业

长江实业为长江集团的旗舰。长江集团奠基于香港，业务包括物业发展及投资、房地产代理及管理、港口及相关服务、电讯、酒店、零售及制造、能源、基建、财务及投资、电子商贸、建材、媒体及生命科技等。

> **名字由来**
>
> 长江取名基于长江不择细流的道理，因为你要有这样豁达的胸襟，然后你才可以容纳细流；没有小的支流，又怎能成长江？

集团在香港的成员包括四家同为恒生指数成份股的上市公司：长实、和记黄埔有限公司、长江基建集团有限公司及香港电灯集团有限公司；在香港联合交易所主板上市的和记电讯国际有限公司、和记港陆有限公司及TOM集团有限公司；以及在创业板上市的长江生命科技集团有限公司及TOM在线有限公司。

截至2006年2月15日，长江集团旗下在香港上市之公司的联合市值为7,060亿港元，占香港股票市场总市值约8%。长江集团的业务遍及全球54个国家，雇员人数约22万名。

2007年9月长江实业总市值约为8,050亿港币，遍布全球55个国家，雇佣员工约25万人。

和记黄埔

它是业务遍布全球的大型跨国企业，一向锐意创新，并勇于采用新科技，经营多元化业务。

它包括全球多个市场最大的零售连锁集团、地产发展与基建业务，以至技术最先进的电讯服务。

和记黄埔在全球54个国家经营5项核心业务，雇员超过20万人，核心业务计有港口及相关服务、电讯、地产及酒店、零售及制造、能源及基建等业务。

和黄是《财富》全球500大企业之一。

长江基建

是一家以香港为基地的综合基建公司，专注于发展、投资及经营本

港、内地、澳洲、英国、加拿大、菲律宾以至全球的基建业务。

长江基建为中国基建最大投资者之一，旗下主要附属及联营公司包括青州英坭——香港唯一的综合水泥产品制造商；建筑材料——香港其中一家居于市场领导地位的混凝土及石料制造商；香港电灯——香港两家供电及输电公司之一。

电能实业

包括香港电灯有限公司、港灯国际有限公司、港灯协联工程有限公司及若干附属公司。

港灯成立于1889年，是港灯集团主要的营运公司，负责发电、输电及配电予香港岛及南丫岛。港灯国际成立于1997年，是港灯集团的国际投资公司，与长江基建集团有限公司合作经营多项香港以外的电力相关业务。

第六节　李嘉诚的智慧人生

用人之道

“做人的一等智慧，经商的一流学问”。意思是说你要相信世界上每一个人都精明，要令人信服并喜欢和你交往，敬佩你本人，而不是你的财力，也不是表面上让人听你的，那是最重要的。

出身寒门的李嘉诚通过半个世纪不懈的努力和奋斗，从一个普通人成为商界名人并取得了令人瞩目的成就。

每当提起他的成功，李嘉诚总是坦然告知，良好的处世哲学和用人之道是他成功的前提。

白手起家的李嘉诚，在其长江实业集团发展到一定规模时，敏锐地意识到，企业要发展，人才是关键。

一个企业的发展在不同的阶段需要有不同的管理和专业人才，而他当时的企业所面临的人才困境较为严重。

李嘉诚克服重重阻力，劝退了一批创业之初，帮助他一起打江山的“难兄难弟”，果断起用了一批年轻有为的专业人员，为集团的发展注入了新鲜血液。

与此同时，他制定了若干用人措施，诸如开办夜校培训在职工人，选送有培养前途的年轻人出国深造，而他自己也专门请了家庭教师学习知识、自学英语。

在李嘉诚新组建的高层领导班子里，既具有杰出金融头脑和非凡分析本领的财务专家，也有经营房地产的“老手”，既有生气勃勃、年轻有为的香港人，也有作风严谨善于谋断的西方人。

可以这么说，李嘉诚今日能取得如此巨大的成就，是和他回避了东方式家族化管理模式分不开的。

他起用的那些洋专家，在集团内部管理上把西方先进的企业管理经验带入长江集团，使之在经济的、科学的、高效益的条件下运作。

对外，李嘉诚不但把西方人作为收购的主要对象，而且让西方人作为进军西方市场的主导。

精于用人之道的李嘉诚深知，不仅要在企业发展的不同阶段大胆起

李嘉诚名言

李嘉诚在香港大学演讲时曾给大学生列出一张成功的表单，在这张表单里，他写下了这些词：“我常常想能列出我个人认为成功一生缺一不可的素质，坚毅、勇气、有志、有识、有恒、有为、诚恳、可靠、有礼、宽容、公平、正义、洞察、智慧、尊重、正直、和善大方……”。

用不同才能的人，而且要在企业发展的同一阶段注重发挥人才特长，恰当合理运用不同才能的人。因此，他的智囊团里既有朝气蓬勃、精明强干的年轻人，又有一批老谋深算的“谋士”。

在总结用人心得时，李嘉诚曾形象地说：“大部分人都有长处和短处，需各尽所能、各得所需、以量材而用为原则。这就像一部机器，假如主要的机件需要用五百匹马力去发动，虽然半匹马力与五百匹相比小得多，但也能发挥其部分作用。”

李嘉诚这一番话极为透彻地点出了用人之道的关键所在。

李嘉诚认为，爱国不论贫富，人人都可以找到自己的表达方式；爱国是与生俱来，无分阶级地位的，一个人一定要有国家及民族观念，不论贫富都要爱国爱家。如果一个人没国家民族观念，即使富有，也实在令人惋惜。

管理艺术

一间小的家庭式公司要一手一脚去做，当公司发展大了，便要让员工有归属感，令他们感到安心，这是十分重要的。

管理之道，简单来说是知人善任，但在原则上一定要令他们有归属感，要他们喜欢你。

由1950年数个人的小型公司发展到今天全球55个国家超过20万员工的企业，李嘉诚不能和那些管理学大师相比，他没有上学的机会，一辈子都努力自修，苦苦追求新知识和学问，管理有没有艺术可言？他有自己的心得和经验。

李嘉诚经商之道

在激烈的竞争中多付出一点，便可多赢一点。就像参加奥运会一样，你看一、二、三名，跑第一的胜出第二及第三就是快了那么一点。若是跑短程的，可能是不够一秒之差，所以快一点就是赢。

14岁，穷小子一个的时候，李嘉诚对自己的管理方法很简单，知道必须赚取足够一家勉强存活的费用。

知道没有知识改变不了命运，知道当天的我没有本钱好高骛远，也想飞得很高，在脑海中常常记起祖母的感叹："阿诚，我们什么时候能像潮州城中某某人那么富有。"

一方面紧守角色，虽然他当天只是小工，但他坚持每样交托给他的事都做得妥当出色，一方面绝不浪费时间，把任何剩下来的一分一毫都购买实用的旧书籍。

李嘉诚知道要成功，怎能光靠运气，欠缺学问知识，程度与人相距甚远，运气来临的时候也不知道。讲究仪容整齐清洁是自律的表现，谁都能理解贫困的人包装选择不多，但能选择自律心灵态度的人更容易备受欣赏。

22岁李嘉诚成立公司后，进取奋斗的品德和性格对他而言层次有所不同，知道光凭能忍、任劳任怨的毅力已是低循环过时的观念。

成功也许没有既定的方程式，失败的因子却显而易见，建立减低失败的架构，是步向成功的捷径。

知识需要和意志结合，静态管理自我的方法要延伸至动态管理，理性的力量加上理智的力量，问题的核心在如何避免聪明组织干愚蠢的事。

"如果"一词有新的意义，多层思量和多方能力皆有极大的价值，要知道"后见之明"在商业社会中只有很狭隘的贡献。

李嘉诚成功语录

机构大必须依靠组织，在二三十人的企业，领袖走在最前端便最成功。当规模扩大至几百人，领袖还是要去参与工作，但不一定是走在前面的第一人。要大便要靠组织，否则，便迟早会撞板，这样的例子很多，百多年的银行也一朝崩溃的。

人类最独特的是不仅是我们有洞悉思考事物本质理智，而是我们有遵守承诺、矫正更新的能力，坚守价值观及追求目标的意志。

李嘉诚年轻的时候，最喜欢翻阅的是上市公司的年度报告书，表面上挺沉闷，但别人会计处理的方法的优点和漏弊，方向的选择和公司资源的分布有很大的启示。

对他而言，管理人员对会计知识的把持和尊重，正现金流的控制，公司预算的掌握是最基本的元素。

还有两点不要忘记，第一，管理人员特别要花心思在脆弱环节。

第二，在任何组织内优柔寡断者和盲目冲动者均是一种传染病毒，前者的延误时机和后者的盲目冲动均可使企业在一夕间造成毁灭性的灾难。

想当好的管理者，首要任务是知道自我管理是一项重大责任，在流动与变化万千的世界中，发现自己是谁，了解自己要成什么模样是建立尊严的基础。

自我管理是一种静态管理，是培养理性力量的基本功，是人把知识和经验转变为能力的催化剂。

这"化学反应"由一系列的问题开始，人生在不同的阶段中，要经常反思自问，我有什么心愿？我有宏伟的梦想，我懂不懂得什么是节制的热情？我有拼战命运的决心，我有没有面对恐惧的勇气？我有资讯有机会，有没有实用智慧的心思？我自信能力天赋过人，有没有面对顺流逆流时懂得恰如其分处理的心力？

李嘉诚经商格言

1. 自己激发自己，挑起人生大梁。
2. 强化素质和能力，就可超出常人
3. 在苦环境中磨练心智和眼光。

你的答案可能因时、因事、因处境，审时度势而有所不同，但思索是上天恩赐人类捍卫命运的盾牌，很多人总是把不当的自我管理与交厄运混为一谈，这是很消极无奈和在某一程度上是不负责任的人生态度。

其次，成功的管理者都应是伯乐，摩登伯乐的责任在甄别、延揽“比他更聪明的人才”，但绝对不能挑选名气大但妄自标榜的企业明星。

挑选团队，有忠诚心是基本，但更重要的是要谨记光有忠诚但能力低的人和道德水平低下的人同样是迟早累垮团队、拖垮企业，是最不可靠的人。

要建立同心协力的团队第一条法则就是能聆听到沉默的声音，问自己团队和你相处，有无乐趣可言，你是否开明公允、宽宏大量，能承认每一个人的尊严和创造的能力，有原则和坐标而不是费时失事矫枉过正的执著者。

聪明的管理者专注研究精算出的是支点位置，支点的正确无误才是结果的核心。

这门功夫倚仗你的专业知识和综合能力，能否洞察出那些看不见的联系之层次和次序。

今天我们看见很多公司只看见千斤和四两的直接可能而忽视支点的可能性，因过度扩张而陷入困境。

最后，好的管理者真正的艺术在其将新事、新思维与传统中和更新的能力。

人的认知力由理性和理智的交融贯通，我们永远不是也永远不能成为“无所不能的人”，有时我很惊讶地听到今天还有管理人以“劳累”为单一卖点。

“天行健、君子以自强不息”。自强不息的方法重要，君子的定义也同样重要，要保持企业生生不息，管理人要赋予企业生命；这不单只是时下流行在介绍企业时在Powerpoint打上使命，或是懂得说上两句人文精神的语言，而是在商业秩序模糊的地带力求建立正直的方针。

这路并不好走，企业核心责任是追求效率及盈利，尽量扩大自己的资产价值，其立场是正确及必要的。

商场每一天如严酷的战争，负责任的管理者捍卫企业和股东的利益已经天天筋疲力竭，永无止境的开源节流，科技更新及投资增长，却未必能创造就业机会，市场竞争和社会责任每每两难兼顾，很多时候，也只能是在众多社会问题中略尽绵力而已。

成功格言

1．商业的存在除了创造繁荣和就业，最大作用是服务人类的需要。企业是为股东谋取利润的，但应该坚持固定文化，这里经营的其中一项成就，是企业长远发展最好的途径。

2．为了适应时代发展变化的需要，也为了企业自身的生存和发展，企业必须以市场为导向、以创新为手段、以效率为核心，重建企业形象。

3．领导全心协力投入热诚，是企业最大的鼓动力。与员工互动沟通，对同事尊重，才可建立团队精神。人才难求，对具备创意、胆识及谨慎态度的同事，应给予良好的报酬和显示明确的前途。

第七节　集团与个人的辉煌成就

财团简介

1972年9月30日，李嘉诚创建了长江实业有限公司，11月1日，“长实”股票在香港证券交易所、远东交易所、金银证券交易所挂牌上市，并相继在伦敦(1973年)、加拿大的温哥华(1974年6月)挂牌上市。

1974年5月，与加拿大帝国商业银行联组恰东财务有限公司。

1986年，长实集团名列香港十大财团首富，李嘉诚旗下四大公司上市值占香港上市总值13.57%。

到1991年间，“长实”系财团已发展成为有重要国际地位和重大影响的跨国多元化企业集团，拥有1200多亿港元资产，比1986年增加两倍半。

李嘉诚竞购英电网资产

2010年7月30日，亚洲首富李嘉诚旗下的长江基建、港灯、李嘉诚基金会有限公司及李嘉诚(海外)基金会，以57.75亿英镑竞购法国电力集团旗下部分英国电网业务。

法国电力集团是欧洲最大的电力生产商，其在英国的电力网络为英国南部、伦敦地铁和英吉利海峡隧道等主要基础设施供电。

李嘉诚旗下的公司在7月30日向法国电力集团交付了以不可撤回要约书形式发出的收购要约，收购法国电力集团旗下

李嘉诚经商格言

1. 要做就做长线投资。
2. 最厉害之招：“空手套白狼”
3. 守住三大：大手笔、大投资、大收益。
4. 制定“鸡蛋分篮”的方略。
5. 施展“空手掘金”之道。
6. 要靠别人积累资金。

英国电力网络EDFEnergy100%电网资产，开出的报价是57.75亿英镑，并获得自7月26日起12个月的特殊权利——在此期间，卖方不得与任何有兴趣的第三方展开谈判。这一收购要约尚需得到EDFEnergy与欧洲工务委员会的接纳。

李嘉诚是在击退了由阿布达比投资局、加拿大退休金计划投资局及澳大利亚麦格理集团组成的财团以及南苏格兰电力公司后，成功赢得竞购机会的。

此次竞购一旦成功，李嘉诚将成为英国基础设施资产的最大所有人之一。

目前他控制着英国约四分之一的电力分销市场、约10%的天然气供应市场以及不到5%的供水市场。

斯坦福大学“李嘉诚知识研究中心”落成

美国当地时间2010年9月29日，总造价逾9000万美元的美国斯坦福大学(StanfordUniversity)医学院“李嘉诚知识研究中心”落成。

> **李嘉诚对儿子说的话**
>
> 李嘉诚当年送儿子李泽钜入读斯坦福大学，他和儿子走在迷人的校园里，曾对儿子说：“这是我一生中第一次羡慕你的福分，你有机会成为这所最好大学的一份子。”

主要捐助人、香港企业家、慈善家李嘉诚在致辞时，忆及自己因战乱辍学的往事，认为是“人生中一直未能补偿的遗憾”，又透露自己当初期望学成后当医生。

昔日遥遥过往，成为今天一座大楼的缘起。以自己名字命名的“李嘉诚知识研究中心”大楼，成为这所著名大学的一份子，李嘉诚感到“无比快乐与光荣”。这是这所著名的美国大学第二幢以华人名字命名的建筑。

该所面积达12万平方呎的研究中心面向斯坦福校园路，设有一系列尖端科技，包括美国设置其中最大及最先进的模拟设施，以及高端屏幕录制系统，为医学生以至经验丰富的医生和跨学科各阶层人士，提供互动、参与实践及团队形式的学习途径。

它的落成使用，使得斯坦福大学医学院的教学和科研产生革命性的变化。

公益事业

1981年创立汕头大学，至今对大学的投资已过31亿港元。

1988年，捐款1 200万港元兴建儿童骨科医院。并对香港肾脏基金、亚洲盲人基金、东华三院捐资1亿港元。

1989年，捐赠1 000万港元，支持北京举办第11届亚洲运动会。

1991年，李嘉诚向英国保守党捐赠10万英镑作竞选费用，引发英国两大政党争议。

1997年，北京大学100年校庆期间，李嘉诚基金会向北京大学图书馆捐赠1 000万美元，支持新图书馆的建设。

1999年，李嘉诚基金会捐款4 000万港元予香港公开大学，香港公开大学将设于信德中心的持续及社区教育中心命名为李嘉诚专业进修学院。

2002年李嘉诚海外基金建立长江商学院，是中国第一所也是唯一一所实行教授治校的商学院。

2003年11月MBA第一批学员入校，MBA学员GMAT入学成绩高居亚洲首位，现在已在北京、上海、广州等地设立学校，目前是中国最著名的十大商学院之一，目标是用十年的时间进入世界十大商学院之列。

2004年的印度洋大地震曾捐助300万美元赈灾。

2004年南亚海啸，李嘉诚透过旗下的和记黄埔及李嘉诚基金会，共捐出300万美元予受灾人士。

2005年5月，李嘉诚向香港大学医学院捐出港币10亿元以资助医科学生及医学研究用，香港大学校长徐立之称将重新命名香港大学医学院为“香港大学李嘉诚医学院”，并于2006年1月1日正式易名，此次转名引起社会巨大争议。

2005年10月10日，基金会与和记黄埔合共捐出50万美元予巴基斯坦地震灾民。

2005年11月，李嘉诚(加拿大)基金向加拿大多伦多圣米高医院捐出2 500万元加币(当时约1 6475港元)，兴建以他名字命名的医学教育大楼。于2009年落成。

2007年3月，李嘉诚向新加坡国立大学李光耀公共政策学院捐款1亿新加坡币(逾5亿港元)，创立教育及学术发展基金，设立教授席及40个硕士奖学金等，志在培育区内公共管治人才。这笔捐款一半由李嘉诚基金会捐出，其余则由长江实业（集团）有限公司及和记黄埔有限公司分别捐出四分之一。

获捐款的公共政策学院院长布巴尼表示，新增奖学金将惠泽中国内地、香港、印度、越南、东南亚等国家及地区，新加坡学生亦可受惠。

2008年5月19日，李嘉诚致函中央政府驻港联络办公室主任高祀仁，再以李嘉诚基金会、长江集团、和记黄埔集团的名义捐款1亿元人民币，用于为5.12汶川大地震灾区学生设立特别教育基金。

2009年4月22日，李嘉诚旗下长江集团、和记黄埔联合向2010年上海世博会中国馆捐赠人民币1亿元。

成功格言

1．一个人除了赚钱满足自己的成就感之外，就是为了让自己生活得更好一点，如果只顾赚钱，并赔上自己的健康，那是很不值得的。

2．做事投入是十分重要的。你对你的事业有兴趣，你的工作一定会做得好。

3．尽量挤出时间使自己得到良好的休息。只有得到良好的休息，才会有充沛、旺盛的精力去面对突如其来发生的各种事情。

第二章　草根传奇之阿曼德·哈默

哈默传奇

哈默不仅具有非常杰出的商业天赋，在任何行业都能够做好买卖，而且，他社会身份多变，与各国国家领导层都关系良好，有通吃天下的能力。

有人称他是沟通东西方贸易的“和平使者”，有人赞他是精通百业的“万能商人”，更有人惊叹他是有魔力的“商业精灵”。阿曼德·哈默，一位大学时代就成为百万富翁的美国商人，他曾受到列宁的亲切接见；与赫鲁晓夫、勃列日涅夫建立了友谊；与利比亚国王是莫逆之交；与美国总统罗斯福、艾森豪威尔、肯尼迪、尼克松都有密切联系；邓小平曾亲自邀请他到中国访问……哈默的一生，似诗，如谜，更像一本精彩纷呈的书，他的故事，就是一个时代风云的呈现。

第一节　走近人物

世界公民——阿曼德·哈默（HamerArmand，1898－1990）1898年5月21日，出生于美国纽约的布朗克斯，他们家是犹太人后裔。父亲朱里埃斯·哈默是美国共产党的创始人之一。

他的一生对前苏联、利比亚、秘鲁等国和本土的加利福尼亚、佛罗里

达等州的经济有着巨大影响。

这位亿万富翁的一生极富传奇色彩。他曾经涉足过很多完全不同的领域，如铅笔制造、酿酒、养殖良种牛，每个行业都取得令人瞩目的成功，直至最终投身石油业，成为主宰世界石油业的几大巨擘之一。哈默的辉煌成就绝非偶然，他丰富的人生经历是一个信念坚定、勇于冒险、不断开拓、独具商机慧眼的人的生动写照。

阿曼德拥有一颗“点石成金”的聪慧头脑。与红色苏联“亲密接触”，与多国首脑情感甚笃，毕生致力和平事业，世人皆敬。1990年11月12日，这位百战百胜的“经营之神”、走遍世界各地的公民因病逝世，享年92岁。

他是一位万能富豪，有点石成金之功，有海纳百业之术。他更有远见卓识：1921年，他同列宁做生意；1979年，他又同邓小平搞贸易。阿曼德·哈默是美国西方石油公司的董事长，一位颇具传奇色彩的人物。在西方，他是点石成金的万能富豪，也是第一个与十月革命后的苏联合作的西方企业家。

经过30年苦心经营，西方石油公司已成为美国第八大石油公司，第12名最大的工业企业。1986年，公司收入160亿美元，业务遍及五大洲，在全球50多个国家设有子公司。

阿曼德·哈默是个奇迹。他的人生之路是独一无二、不可复制的。他的商业活动横贯全球，游刃有余地穿行于不同的社会体制中，在冷战时期的东西方作了神奇的沟通。所以有人说他是沟通东西方贸易的“和平使者”。这种成就，并不是谁都能拥有的。他嗅觉灵敏，敢作敢为，并且永远在向自己挑战，永远把自己当作障碍物来超越。

第二节　冒险富翁的经历

年少有为的哈默

哈默是俄国移民的后裔，于1898年5月21日生于美国纽约市。他的曾祖父弗拉基米尔是俄国犹太人，曾在沙皇尼古拉一世时以造船而成为巨富。到哈默的祖父雅各布娶妻生子时，一场台风引起的海啸把家财冲刷得荡然无存。

1875年，雅各布带着妻子和儿子朱利叶斯移居美国。朱利叶斯长到15岁时，就放弃了学业，到一家钢铁厂当铸造工，以补贴家用。他年轻力壮，在工人中成为举足轻重的人物。

他参加了社会劳工党，组织工会，成为积极的社会主义者。朱利叶斯19岁时，去应聘当了药剂师。

几年后，他用积攒下的工资买下了老板的药店，后来又开了两家分店，办了一家制药厂。就这样，这个年轻的社会主义者成了年轻的资本家。但是，朱利叶斯并没有放弃他的信仰，依然是美国社会主义运动的忠实追随者。

1897年在一次社会主义者郊游中，朱利叶斯与一个年轻的寡妇罗丝一见钟情，不久即结婚。

一年后，他们有了第一个孩子，朱利叶斯特地给儿子起名为亚蒙·哈默，据称这取意于美国社会劳工党的旗徽“手臂（Arm）与锤子（Hammer）”。

哈默名言

1.假如一个公司认为自己挺好，那就死到临头了。

2.过去为你赢得成功的方程式，将给你的明天带来失败。

3.抓住战机，看它把你引向何处。

哈默出生后仅4个月，父亲朱利

叶斯考上了哥伦比亚医学院。在后来的4年中,朱利叶斯既要经营药店和制药厂,又要攻读他的医学课程,但他不愧是铁打的汉子,做到了学业和事业两不误,终于在1902年毕业。这一成就的取得,对后来哈默的成长影响很大。

朱利叶斯认为治病救人比做买卖赚钱更高尚，便毅然将药店和制药厂卖掉,在纽约市布朗克斯地区办了一家诊所,成了一名医生。他行医一生,曾拯救了5000多个婴儿的生命。

在父亲的言传身教下,孩子们长大了。哈默是三兄弟中最不听话的,但也是最富有创造精神的一个。

他逃过学,经过父亲的教育,他变了,学习从中不溜上升到第一,课余还学会了摆弄无线电,制造飞机模型,并在高中毕业班演讲竞赛中获得了金质奖章。

此外,他还迷上了诸如洛克菲勒、卡内基等白手起家的美国著名企业家的传记,开始四处寻找赚钱的门径。

16岁那年,他正在读高中,就成功地做了第一笔“大买卖”。一天,他在百老汇大街看见一辆双座旧敞篷车在拍卖,决心要买下来。他向在药店售货的同母异父哥哥哈里借款,并胸有成竹地保证不久就偿还他。原来,他已从报纸的广告中找到可做的工作了,即用汽车为一个糖果商送货,每天可得到20美元的酬金。

果然,两周后,他不仅如数还清了哥哥的钱,获得了这辆汽车,而且口袋里还有钱币在丁当作响。

3年后,即1917年,哈默在完成两年的医学预科课程的基础上,踌躇满志地来到久负盛名的哥伦比亚医学院,递交了入学申请。主管注册的工作人员上下打量他后说:“你是朱利叶斯医生的儿子吧？1898年你出生的那年我办理了你父亲入学的申请,今天我又在这里欢迎你。”就这样,哈默自豪地成为哥伦比亚医学院的学生，命运之舟载着他似乎正沿着子承父业的方向前进。

> **哈默资产**
>
> 哈默有3辆罗尔斯——罗伊斯高级轿车和一架价值数百万美元的私人喷气式飞机，拥有数艘豪华游艇。在洛杉矶、纽约的格林威治村，伦敦、莫斯科等地都有豪华的别墅和公寓。

然而，有一天，父亲来到校园找到哈默，告诉儿子一个坏消息：他倾其积蓄投资的制药公司濒临破产。而且他本人因身体不好，特别是还想继续行医，没有精力去顾及公司的管理；因此，他要求儿子去当公司的总经理，但不许他退学。

他强调说："儿子，我过去就是这么干的，你也可以这样子。"其实，父亲的担心是完全没有必要的。哈默早就跃跃欲试。他极其兴奋地迎接了这样的挑战。

为不误学业，哈默邀请一个家境贫困而学习优异的同学住在一起，免费供给对方食宿，条件是这位同学每天去上课，做大量的笔记，晚上带回给他，供他应付考试和写论文。

有了这个学习的"替身"，哈默就可以专心致力于公司的经营了。他改革了公司的经营方针和推销方法，组织了一支强有力的推销员队伍，并把公司名字也改为响亮的"联合化学制药公司"。哈默终于把岌岌可危的公司从破产边缘拯救过来，雇员从十几人发展到1500人，产品畅销全国，公司开始跨身于制药工业的大企业行列。

时隔不久，哈默成了哥伦比亚医学院，乃至全国院校中独一无二的正在大学攻读的百万富翁。

1919年美国的平均收入是625美元，而那一年哈默个人的净收入超过1亿美元。在学习上，他的大多数考试成绩是"A"，并被评为毕业班里"最有前途的学生"。

1921年6月，他取得了童年时就梦寐以求的医学博士学位。从此，人们始终尊称他为博士，尽管他以后从未正式行过医。

访问苏联

这时，哈默决定利用从课业结束到实习开始之间短短半年的间隔，做一件令人震惊的事情，即去苏联访问。

十月革命后，哈默的父亲作为美国共产党的创始人之一，对苏联十分关注，并向被封锁的布尔什维克政权提供过必需品。但由于一次医疗事故，1920年6月，哈默的父亲受审入狱。这一突然变故，使年轻气盛的哈默决心完成父亲未遂的愿望，到父亲出生的国家，去帮助苏联战胜正在那里蔓延的饥荒和伤寒。

红色资本家

他是第一个与十月革命后的苏联合作的西方企业家，被列宁亲切地称为“哈默同志”；他又是第一个乘坐私人飞机访问中国的西方企业家，被邓小平誉为“勇敢的人”，所以在苏联和中国，他成了家喻户晓的“红色资本家”，而《哈默自传》在中国更是成了颇受欢迎的畅销书。

于是，哈默以200万美元的售价卖掉了制药公司，而花了十几万美元买下一座野战医院以及与之配套的医药用品和医疗器材，还花了1.5万美元买了一辆救护车，在车身侧面刷上“美国赴莫斯科医疗团”字样。

他要把这些作为见面礼物送给苏联人。

当时的苏联与大多数西方国家隔绝，因此在许多人看来，哈默此行无异于到月球上去探险。就这样，23岁的哈默走上了一条将从根本上改变他的生活的道路。

这位年轻的百万富翁一路上历尽艰辛，终于在1921年初夏到达苏联。由于旅途劳累，他病倒了。

但他毫无怨言，谢绝特殊优待，与苏联人民一起过着战时凄苦的生活。

他每天坚持背诵和学习使用100个俄语单词，以便能很快开始工作。

美苏贸易

1921年8月初,哈默随一个代表团到乌拉尔地区考察。这里的情况令他大惑不解:一方面蕴藏着巨大的宝藏,物产丰富,白金、宝石、毛皮等贵重物品几乎应有尽有;另一方面饥荒严重,饿殍遍野,最起码的生活必需品奇缺。

于是,他问带队的苏联人:“为什么你们不出口这些东西换粮食?”“那不可能,”他们回答,“欧洲刚刚解除对我们的封锁,要卖出这些东西,进口粮食,所需时间太长。而且要使乌拉尔地区的人民免于饥饿,至少需要100万蒲式耳的粮食。”这时一个大胆的计划在哈默头脑中形成。他联想到当时美国粮食大丰收,粮价已跌到每蒲式耳1美元,便提出建议:“我有100万美元的资金,可以在美国紧急收购100万蒲式耳的小麦,海运到彼得格勒,卸下粮食后,再将价值100万美元的毛皮和其它货物运回美国。”哈默的建议很快传到莫斯科,列宁亲自回电表示认可这笔交易,并请哈默速返莫斯科。

到达莫斯科的第二天,哈默就被召到列宁的办公室。为使年轻的苏维埃得到休养生息,列宁当时正实行新经济政策,因此对哈默的提议格外重视。

列宁从办公桌边站起来欢迎哈默,并用英语与他亲切交谈。当列宁代表苏联政府向哈默表示诚挚的感谢时,这位伟大的革命家竟激动地流下了热泪。从此,他们之间结下了真挚而深厚的友谊。

哈默的胆识受到了伟大领袖列宁的赞赏,列宁鼓励哈默投资办厂,但因为当时党内争论不休,在一片“宁可饿死不卖国”的声音中,列宁决定给哈默以特许经营权。

接着,哈默在列宁的过问下,还担任了苏联对美贸易的代理商,这使哈默在苏联的生意越做越红火。允许他开采西伯利亚地区的石棉矿,从而使他成为在布尔什维克苏联第一个取得矿山开采权的外国人。美苏的易货贸易由此开始。

> **哈默经营法宝**
>
> 为了更好地适应风云变幻的商界需求，哈默经营的诀窍之一就是从来不在一棵树上吊死，实行多方位经营。这是他久盛不衰的法宝。

哈默组织了美国联合公司，联络了福特汽车公司、美国橡胶公司、艾利斯-查尔斯设备机械公司等30多家美国公司共同与苏联做生意，他被推为这些公司在苏联的总代表。他俨然成了苏联对美贸易的代理人。

后来，由于一次偶然的发现，哈默在苏联办起了铅笔厂。一天，他顺便走进一家文具店想买铅笔，但店里只有价格昂贵的德国货。他灵机一动，发现制造铅笔是一项新的有利可图的事业。他本人并不懂得怎样制造铅笔，但他懂得如何使用懂行的人。他以高薪从德国和英国聘来技术人员兴办铅笔厂，用美国的计件工资制度来管理生产，结果短短七八个月，就奇迹般地投入生产，第一年就达到了250万美元的产值。几年后，哈默不仅满足了苏联铅笔、钢笔市场的需要，而且把20%的产品出口到英国等十几个国家。这家工厂很快成为世界上最大的铅笔厂之一，给哈默也带来了几百万美元的收入。

哈默的巨大成就引起了社会的巨大反响，一个年轻妇女为了在哈默的铅笔厂工作，把自己的求职申请递到了最高苏维埃主席那里。但是树大招风，报纸上也开始公开谴责哈默和新经济政策，哈默隐隐意识到，可能苏联要发生变化，自己也该离开了。

哈默在莫斯科度过了将近10年，苏联成了这位亿万富翁的发迹地，同时他也用自己的努力支持了年轻的苏维埃政权。

第三节　哈默的惊人才干

哈默一生中最活跃的时期是1931年从苏联回美国后开始的。他四面撒网，点石成金，不管从事哪种行业，都取得了成功。他就像一名万能的魔术师，可以在大庭广众之下从大礼帽里变出一只又一只兔子来。他的经营范围令人眼花缭乱，除了从事艺术品买卖之外，他还涉足无线电广播事业、黄金买卖和慈善事业；而最能显示他的才干的，却是从事威士忌酒和种牛生意。

进军制酒业

哈默返美时，正值30年代美国经济大萧条，但他却认为是赚钱的机会到了。他的眼睛虽然盯着艺术品销售的生意，可他的耳朵却在倾听四面八方的信息。他捕捉到一个清晰的信息：罗斯福正在走向白宫总统的宝座，如果他一旦当选，那么，1919年颁布的禁酒令将被废除。这将意味着全国对啤酒和威士忌的需求激增，酒桶的市场将会呈现空前的需求，而当时市场上却没有酒桶出售。哈默当机立断，立即从苏联订购了几船优质木材，在纽约码头设立了一座临时的桶板加工厂，并在新泽西州建立了一座现代化的酒桶厂。

禁酒令废除之日，也正是哈默制桶公司的酒桶从生产线上源源不断地滚下之时，他的酒桶被各制酒厂用高价抢购一空!哈默乘胜追击，进军制酒业，开始经营威士忌酒生意。哈默购买了美国制酒公司的股票，并在一位化学工程师的建议下，用巧妙的办法把作为股息的3 000桶威士忌酒变成了15 000桶。他接连购买了多家酿酒厂，之后，又建成几家制酒厂将这些酒罐装成瓶并取得“丹特”等商标，在全国推广“丹特”品牌并采取大幅度削价和大做广告等手段抢占市场，很快就战胜了所有的竞争对手。只用了两年就使“丹特”牌威士忌酒一跃成为美国一流名酒，年销售量高达100万箱。

哈默与种牛业的结缘

哈默有爱吃牛排的习惯——是这一习惯，把他引入了另一个领域，即养牛业，并大获成功。哈默闯入养牛业颇为偶然。有一次他埋怨市场上买

哈默致富秘诀

生意有其内在的联系，一件连着一件，抓住机会，把握时机，努力奋斗，你就会取得成功。哈默同时解释，他的成功还在于：一个人要有特别敏锐的商业嗅觉，能把握商业良机，能在不熟悉的领域内抓住关键问题并善于处理。

不到优质牛排，他的一名雇工就建议去买头牛杀了吃。牛买回来了，却是一头怀上小牛的母牛。哈默认为自己还不至于馋到杀怀孕母牛的地步，于是就交代人把牛放养在庄园里。正巧哈默的邻居是一位养牛专家，专门培育安格斯良种牛，他不仅替哈默买回的那头母牛顺利接产，而且时隔不久，又让这头母牛与他的公牛交配，生下了具有安格斯种牛优良品质的小牛。有了这一事件的启发，哈默头脑中闪现出新的商业脑电波：以酿酒的副产品饲养种牛，岂不是化残渣为黄金之举么？

于是哈默迅速在新泽西州雷德班克筹建了一家繁殖种牛的大牧场立名为“幻影岛”，并用制酒厂副产品土豆浆渣养殖，还花了10万美元买下了20世纪最好的一头公牛——“埃里克王子”。在随后的3年里，仅靠“埃里克王子”就繁殖了上千头牛犊，其中包括6头世界冠军，为他赚了200万美元。哈默也从此由养牛的门外汉变为种牛业公认的领袖人物。

第四节　凝造帝国

石油巨子打造石油王国

1956年，阿曼德·哈默58岁。他在商战中积累的财富，多得连他自己也数不清。他确实打算从商界隐退，携他的第三任新婚妻子，举家迁往加利福尼亚，准备平平静静地安享晚年。

然而，一次偶然的机会，充满诱惑力的石油业又把他吸引住了，他又一跃成为扬名世界的石油巨子。

当时，在加利福尼亚州有一家濒临破产的西方石油公司，其实际资产只有34万美元，还有3个雇员和几口快要报废的油井，公司的股票每股只卖18美分。

有人向哈默建议，投资这家石油公司。因为根据美国政府对石油业的倾斜政策，用于尚未出油的油井的资金无须报税。对于想退休的哈默来说，他无意收购这家公司，还借给了西方石油公司5万美元，让他们再打两口井。

如能出油，利润由双方对半分成；如果不出油，哈默投入的这笔资金可作为亏损从应缴税款中扣除。

意想不到的是，两口井都出油了。西方石油公司的股票一下子涨到每股1美元，哈默也尝到了甜头，开始涉足石油业。不久，哈默成了这家公司的最大股东。

1957年7月哈默当选为西方石油公司的董事长和总经理。哈默凭着自己多年的经验，冒着巨大的风险，开始建立起一个石油王国。他招兵买马，聘请到最优秀的钻井工程师和最出色的地质学家，1961年终于在加利福尼亚钻探到两个巨大的天然气油田。

打造石油王国

在这位商界奇才的胸膛里燃烧的是一团永不熄灭的火焰，哈默的一生从未停止超越。他在晚年使自己毕生的事业达到了鼎盛，哈默的西方石油公司成为主宰世界石油业的“石油七姐妹”之一。

西方石油公司的股票价格一路上涨到每股15美元，公司的实力也足以与那些世界上较大的石油公司抗衡了。

那时，世界上的大部分富饶的大油田，早已是号称“七姊妹”的西方七大石油公司的天下，哈默难以染指。于是，具有冒险精神的哈默，顶住公司内外的压力，把赌注押在利比亚。在别的石油公司放弃的没有希望出油的两块租借地上，哈默锲而不舍，1966年底，终于发现了石油大矿脉，开出两个盛产高级原油的新油田。西方石油公司在哈默的经营下，业务蒸蒸日上，利润逐年上升，石油勘探范围不断扩大，从国内到国外，从陆上到海洋，先后在中东、北海、南美以及巴基斯坦、中国南海等地找到了丰富的油源。尤以在北海地区取得的成绩最为明显：他的公司进去最晚，却最早出油。1974年，他的西方石油公司年收入为60亿美元。到1982年，西方石油公司已成为全美第12个大工业企业，成为紧挨着“七姊妹”的世界第8个最大的石油公司。

石油帝国的发展壮大

1966年年底，西方石油公司在利比亚发现石油后不久，哈默就以8800万元的股票先后买下珀米安与麦克伍德公司、加勒特研究与发展公司。

1968年1月，西方石油公司的股票上涨到每股100美元以上，哈默及时将每一老股改为三个新股，后来每一新股的价格又升到55美元。哈默利用这一有利时机，以公司的股票当货币使用，发展煤炭和化工制品等多种经营。

1968年初，西方石油公司以1.5亿美元的代价买下美国排名第三的煤炭公司——岛溪煤矿公司。该公司年销售额1.5亿美元，原煤蕴藏量达35亿吨。1974年，岛溪煤矿公司的净利润已近1亿美元。

1968年7月，西方石油公司又以8亿美元优先股的代价买下胡克化学与塑料制品公司，这是美国前所未有的最大一笔兼并买卖。

到了70年代，哈默的目光又转向更广阔的领域。

1979年5月，应邓小平同志的邀请，81岁的哈默成为第一个乘坐私人飞机访问中国的西方企业家。此后，西方石油公司与中国政府签订了一系列经济合作协议。其中，年产1 533万吨原煤的山西平朔安太堡露天煤矿，是哈默博士与中国合作的最大项目，也是当时中国最大的中外合资企业。

1981年，西方石油公司同美国两家主要的肉类加工企业合并，这就使西方石油公司同时成为美国规模最大的生产肉制品的企业。

就这样，西方石油公司的业务构成已由单一的石油企业发展成为包括煤炭、化学、肥料、金属处理等多种类的综合企业。迄今为止，它已在世界50多个国家设有分支机构，销售额近200亿美元，从而跻身于美国有名的大企业的行列。

第五节　尊严的含金量

多年前一个寒冷的冬天，美国南加州沃尔逊小镇上来了一群逃难的流亡者。镇长杰克逊大叔给一批又一批的流亡者送去粥食。

这些流亡者，显然已好多天没有吃到这么好的食物了，他们接到东西，连一句感谢的话语也来不及说，就个个狼吞虎咽，大口大口地吃起来。只有一个人例外。

当杰克逊大叔将食物送到他的面前时，这个脸色苍白，骨瘦如柴的年轻人问：先生，吃您这么多东西，您有什么活儿需要我做吗？杰克逊大叔想，给一个流亡者一顿果腹的饮食，每一个善良的人都会这么做。

于是他说：不，我没有什么活儿需要您来做。

那个流亡者的目光顿时黯下去了，他硕大的喉结剧烈地上下动了动说：先生，那我便不能随便吃您的东西，我不能没有经过劳动，便平白得到这些东西！

杰克逊大叔想了想又说：我想起来了，我家确实有一些活儿需要您帮忙。不过，等您吃过饭后，我就给您派活儿。不，我现在就做活儿，等做完了您的活儿，我再吃这些东西！那个青年站起来说。

杰克逊大叔十分赞赏地望着这个青年人，但他知道这个年轻人已经两天没吃东西了，又走了这么远的路，可是不给他做些活儿，他是不会吃下这些东西的。杰克逊大叔思忖片刻说：小伙子，你愿意为我捶捶背吗？说着，就蹲在那个青年人跟前。青年人只好也蹲下来，

十分认真而细致地给杰克逊大叔轻轻地捶背。捶了几分钟，杰克逊大叔十分惬意地站起来说：好了，小伙子，你捶得棒极了，刚才我的腰还直犯困，可现在，它舒服极了。杰克逊大叔说完，将食物递给那个青年人。青年人立刻狼吞虎咽地吃起来。

杰克逊大叔微笑着注视着那个青年说：小伙子，我的庄园现在太需要人手了，如果你愿意留下来的话，那我可就太高兴了。那个青年人就留下来，并很快成了杰克逊大叔庄园里的一把好手。过了两年，杰克逊大叔还把自己的女儿玛格珍妮许配给了他，杰克逊大叔告诉女儿说：别看他现在什么都没有，可他百分之百是个富翁，因为他有尊严！20多年后，那个青年果然拥有了一笔让所有美国人都羡慕的财富。这个青年人就是美国石油大王哈默。美国企业界最具传奇色彩的人物之一，曾被称为"经营之神"、"幸运之神"。

在大学时就成为美国第一位在校的百万富翁，后成为美苏贸易代理人，与东西方政界的领导人都有深厚交情，在全世界享有盛誉。他曾经投资过一家要倒闭的石油公司，现在已经世界第八了。

第六节　哈默与艺术

当时，苏维埃政权对沙皇皇宫里抄出来的大批古董和精致的艺术品并不看重，贫困的人们也往往低价出卖家中的艺术品换钱。哈默花了大量时间和精力从事收购工作，时间一长，他竟成为这一行业的专家。

当哈默把这些艺术珍品完好无缺地运到美国时，美国正值经济大萧条时期，许多人都认为，在经济不景气的情况下，这些老古董不会有人愿意购买。哈默非常自信，他先后投资在纽约和洛杉矶建造艺术馆，并挑选精美的艺术品在国内各城市巡回展出，引起很大轰动。他还精心印制了艺术品存货目录，分别寄给美国各著名百货商店的经理，并诚恳说明，愿以零售价４０％的折扣将这些艺术品委托商店出售。随后，他又大张

> **哈默与艺术**
>
> 他喜欢收藏艺术品,他说“这些艺术杰作使我们得以净化,得以升华,在沟通西方与东方的艺术与文化交流方面,我可以自诩是当今最有影响的人了”。

旗鼓地举行拍卖会,让自己的艺术品名扬天下,引来了无数顾客。

他的收藏品至少值1亿美元。他以举办珍藏品展览来扩大外事活动。1990年他在洛杉矶创建了阿曼德·哈默艺术博物馆,以收存他的大量珍藏。

第七节 哈默定律

哈默定律的由来

阿曼德·哈默1917年在医学院学习期间掌管了父亲的一家制药工厂。由于经营有方,他成为当时美国惟一的大学生百万富翁。

他在20世纪20年代与苏联进行了大量的易货贸易,无论从生意上还是在和苏联领导人的关系上都获得了很大的收益。后来他又涉足艺术品收藏与拍卖、酿酒、养牛、石油等行业,在每一个领域里都取得了非凡的成功。

无论从哪个方面说,他都是一个带有传奇色彩的人物。他以90岁的高龄仍然在西方石油公司董事长的位置上一天工作十多个小时,每年都在空中飞行几十万公里。

1987年他完成了《哈默自传》,这是他一生成功经验的浓缩,在这本书里,就有哈默定律。

一买一卖见智慧

1924年1月16日列宁逝世,这对哈默继续在苏联的活动产生了负面的影响。就在他考虑是否有必要继续留在那里的时候,他随便走进一家商店,想买一支铅笔。售货员给他拿了一支德国造铅笔。在美国这种铅笔只

值两三美分，在苏联却值26美分。哈默大度地花了一美元买下了这支铅笔。在他的头脑中，已把这支铅笔同百万美元的生意联系起来了。他跑去问当时的苏联教育人民委员克拉辛：“您的政府是不是已经制订了要求每个苏联公民都得学会读书和写字的政策？”“当然，我们认为这是我们的基本任务之一。”“假如是这样的话，我想要获得一张生产铅笔的执照。”事情就这样办成了，而此时的哈默还根本就不知道如何制造铅笔。他跑到德国和英国，花高薪聘请制造铅笔的行家里手，随后哈默回到莫斯科选址建厂。虽然他深切地感到，他在列宁保护下的黄金时代已发生巨大变化，但他历经艰苦，工厂终于办起来了，而且提前几个月开工，以后成为世界上最大的铅笔工厂。

卖梳子

还有一个卖梳子的故事。经理考验推销员，给他们一天的时间去向和尚推销梳子。

第一个人宣传梳子质量如何好，对头发是如何好，还可以按摩，最后他骗了一个头上长癞的小和尚说梳子可以抓痒，终于卖出了一把。第二个聪明一点，他提醒和尚说香客们的头发被风吹乱了是对佛大不敬，而和尚如果听之任之的话就是一种罪过了，结果他卖出了十把——每座佛像前一把。第三个竟然卖出了三千把！经理问是怎么做到的，他说：我到了最大的寺内庙里，直接跟方丈讲，你想不想增加香火钱？方丈说想。我就告诉他，在寺内最热闹的地方贴上告示，捐钱有礼物拿。什么礼物呢？一把功德梳。这个梳子有个特点，一定要在人多的地方梳头，这样就能梳去晦气梳来运气。于是很多人捐钱后就梳头，这样又使得更多的人去捐钱。三千把一下就卖光了。或取或舍显高下，一买一卖见智愚。要克服恐惧与忧虑，请保持忙碌。

第八节 世界公民

苏联结缘

在苏联最困难的时期，他是第一个伸出援助之手，并沟通了苏美贸易渠道的西方商人。由于他与世界上许多国家的领导人都保持着友谊，便经常奔波于不同的国家传递和平信息、奔走于世界各国首脑之间进行私人外交活动。他曾设法促进美苏两国进行会谈，共同研究“星球大战”计划，共同宣布不首先使用核武器的决定。

和平使者

哈默的一生经历了一个世纪的9/10，他不仅是一位成功的企业家，也是一位为世界和平和发展作出重要贡献的和平使者。

他是一年一度的“国际和平与人权会议”的发起者和赞助人。他经常慷慨解囊支持文化教育和社会福利事业。他创办癌病研究中心，担任美国总统3人癌症研究顾问小组主席。他亲自率领医疗小组，去苏联抢救切尔诺贝利核事故的受害者。

中国之交

他也是中国人民的老朋友。1979年邓小平访问美国期间，盛赞哈默当年对列宁的帮助，并邀请他到中国访问，希望哈默能为中国经济建设作出贡献。81高龄的哈默于当年便应邀访问中国，以后又多次来华，开始为中美贸易铺路搭桥。1982年，他与中国有关部门签订了山西平朔露天煤矿的可行性意向，并于1986年正式破土动工，年产1533万吨原煤的山西平朔安太堡露天煤矿，是哈默与中国内地合作的最大项

目,也是当时中国最大的中外合资企业。

哈默访华

1979年5月,81岁的哈默应邓小平的邀请,成为第一个乘坐私人飞机访问中国的美国企业家。

此后,美方石油公司与我国政府签订了一系列经济合作协议,他的石油公司投标开采中国海洋石油资源,成为取得中国近海勘探石油权的第一家美国公司。1982年3月,哈默把他珍藏半个世纪之久的艺术珍品带到中国,在北京举办了"哈默藏画五百年原作展览",为中美文化交流打开一扇窗口。

像这样的事情,哈默做了很多很多,他一生捐赠出去的钱自己都数不清了,为犹太人,为反法西斯,为和平,为教育……他永远没有停止自己的步伐。

1990年11月12日,阿曼德·哈默这本精彩纷呈的书终于合上了最后一页,这位百战百胜的"经营之神"、走遍世界各地的公民因病逝世,享年92岁。

第三章 沃尔玛的财富传奇

人物评价

山姆·沃尔顿，他不仅创立了沃尔玛，还成为沃尔玛的精神支柱，他留下的沃尔玛哲学是每个商家都奉若珍宝的经营宝典。他最大、最老的对手哈里·康宁汉这样评价他："山姆可称得上本世纪最伟大的企业家。他所建立起来的沃尔玛企业文化是一切成功的关键，是无人可比拟的。"

第一节 走近人物

人物简介

山姆·沃尔顿(1918年3月29日–1992年4月5日)，沃尔玛的创始人，世界首富，曾获布什总统颁赠的自由奖章，1992年逝世。1918年，山姆·沃尔顿出生在美国阿肯色州的一个小镇上。1936年，山姆·沃尔顿进入密苏里大学攻读经济学学士学位，并担任过大学学生会主席。1940年，山姆大学毕业，当时第二次世界大战爆发不久，山姆便报名参军，在美国陆军情报部门服役。

战争结束后他回到故乡，向岳父借了2万美元，加上当兵时积攒的5 000美元，于1951年7月和妻子

海伦在阿肯色州本顿威尔开了一家名为“5&&10”的商店。1960年，沃尔顿已有15家商店分布在本顿威尔周围地区，年营业额达到140万美元。1962年，沃尔顿在罗杰斯城创办了第一家沃尔玛（WalMart）折扣百货店，营业面积为1 500平方米，因为坚持低价策略，沃尔玛一开始就获得很大的成功。第一年的营业额就达到70万美元。并最终于1969年10月31日成立沃尔玛百货有限公司。1964年，沃尔玛已经拥有5家连锁店，1969年增至18家商店。1990年沃尔玛成为全美最大的零售商。1992年，沃尔顿获得美国自由勋章，同年4月5日辞世。2001年沃尔玛成为世界上按营业额计算最大的企业。

第二节　草根变巨富

卖报郎如何创业

1918年，山姆·沃尔顿出生在美国阿肯色州的金菲舍镇，是一个土生土长的农村人。从小，家境就不是很富裕，父亲干过银行职员、农场贷款评估人、保险代理和经纪人，是个讨价还价的好手，而且总能和交易的对方成为朋友。而影响山姆更多的还是母亲，虽然她只是一个普通的劳动妇女，却养成了许多良好的生活习惯。她很爱读书，对人热情，做事勤奋，将家里人都照顾得很好。而且由于家境不好，母亲一直很节俭，这些品质后来都被山姆继承下来，为他以后的成功奠定了基础。

7岁的时候，山姆就开始打零工了，他靠送牛奶和报纸赚得自己的零花钱，另外还饲养兔子和鸽子出售。18岁的时候，山姆进入密苏里大学攻

读经济学学士学位，并担任过大学学生会主席。毕业后正值“二战”爆发，山姆毅然参军，在陆军情报团服役。

“二战”结束后，山姆回到故乡，他向岳父借了2万美元，和妻子海伦开了一家小店，学会了采购、定价、销售。一次偶然的机会，山姆看到了连锁、零售的好处和实惠。他说：“如果我用单价80美分买进东西，以1美元的价格出售，其销量是以1.2美元出售的三倍！单从一件商品上看，我少赚了一半的钱，但我卖出了三倍的商品，总利润实际上大多了。”直到今天，这一价格哲学依然被很好地继承下来。

山姆创业之初，零售业市场上已经存在了像凯玛特、吉布森等一大批颇具规模的公司，这些企业将目标市场瞄准大城镇，他们“看不起”小城镇，认为这里利润太小，不值得投资。但山姆敏锐地把握住了这一有利商机，他认为在美国的小镇里同样存在着许多商业机会。尤其随着城市的发展，市区日渐拥挤，市中心的人口开始向市郊转移，而且这一趋势将继续下去，这给小镇的零售业发展带来了良好的契机；同时，汽车走入普通家庭增加了消费者的流动能力，突破了地区性人口的限制。用山姆的话说就是“如果他们（消费者）想购买大件，只要能便宜100美元，他们就会毫不犹豫地驱车到50公里以外的商店去购买”。他坚持每一种商品都要比其他商店便宜，为了达到这个目的，山姆开始提倡低成本、低费用结构、低价格、让利给消费者的经营思想。

为了实现这一经营思想，山姆付出了艰辛的努力。在创业之初缺少资金的情况下，他带领员工自己动手改造租来的旧厂房，研究降低存货的方法，尽己所能降低费用，为实行真正的折价销售奠定成本基础。开始的时候，公司目标利润定在30%，后来降到22%，而其他竞争对手仍维持45%的利润。在这样的情况下，自然吸引了大批顾客，正如山姆当初所预料的那样，也有许多城里人慕名而来。

沃尔玛公司标语

“天天平价，始终如一”，天天平价和一般的削价让利有着本质的区别。

当然，山姆的最低价原则并不意味着商品质

量或服务上存在任何偷工减料的情况，他对其员工的满意服务极为自豪："只要顾客一开口，他们马上就去做任何事。"低价高质就是山姆做事的基本核心。在这样的经营策略之下，小店很快就扩大规模，廉价的商品、优质的服务引来了四面八方的顾客。

世界上最大的连锁零售王国

1962年，山姆·沃尔顿创建公司，在阿肯色州罗杰斯城开办第一家沃尔玛百货商店。1969年10月31日成立沃尔玛百货有限公司。这样的结果并不能满足山姆，他的未来策略是这样的：就是首先进军小镇，占领小镇市场，再逐渐向全国推进，以形成星火燎原之势，在这个过程中，山姆坚持即使少于5 000人的小镇也照开不误，这就为以后沃尔玛的扩展提供了更多的机会，而这些机会正是凯玛特这样的大型廉价商店拱手让给竞争对手的。

从20世纪70年代到80年代，沃尔玛开始大规模的扩张。当时，全球开始流行连锁，如何在众多的连锁集团中继续保持自己的优势，山姆制订了有理有节的扩张策略。在产品和价格决策上，沃尔玛以低价销售全国性知名品牌，从而赢得了顾客的青睐。在物流管理上，采用配送中心扩张领先于分店的扩张的策略，并极其慎重地选择营业区域内的最合适地点建立配送中心。在数量上，沃尔玛更始终保持了极其理智的控制。在店铺数量上沃尔玛少于凯马特，但却毫不妨碍其销售额上的优势和行业公认的领袖地位。

80年代，沃尔玛又采取了一项政策，要求从交易中排除制造商的销售代理，直接向制造商订货，同时将采购价降低2%～6%，统一订购的商品送到配送中心后，配送中心根据每个分店的需求对商品就地筛选、重新打包。这

> **富豪需要厚脸皮**
>
> 美国作家福利森在《如何成为亿万富豪》中指出，要成为亿万富豪，其中一大秘诀就是脸皮要锻炼得很厚。在解释这条秘诀时，福利森是以山姆·沃尔顿为例的：他经常扰乱市场价格。一旦逮到机会，他便伺机向供应商杀价。所以供应商们都知道和沃尔玛做生意不容易。因此，如果你想当好好先生，最好打消富豪梦。

种类似网络零售商“零库存”的做法使沃尔玛每年都可节省数以百万美元的仓储费用。

80年代初，当其他零售商还在钻“信息化”这个问题的牛角尖时，沃尔玛便与休斯公司合作，花费2 400万美元建造了一颗人造卫星，并于1983年发射升空和启用。

沃尔玛先后花费6亿多美元建起了目前的电脑与卫星系统。借助于这整套的高科技信息网络，沃尔玛的各部门沟通、各业务流程都可迅速而准确畅通的运行。正如沃尔顿所言：“我们从我们的电脑系统中所获得的力量，成为竞争时的一大优势。”

另外，山姆在1983年又开办了山姆俱乐部，这是实行会员制的商店，每个顾客只要交纳25美元就可以拥有会员资格，以批发价格获得大批高质量商品。可以说，山姆俱乐部的商品销售利润是微乎其微，仅为5%～7%，但这一超低价的实施带来的却是销售额的大幅增加。目前，山姆俱乐部的销售额已达100亿美元，拥有217家分店和巨大的发展潜力。

现在，沃尔玛在美国有传统连锁店1 702家、超市952家、“山姆俱乐部”商店479家、“街区市场”杂货店20家，另外在其他国家还有1 088家连锁店，组成了一个威力无比的“沃尔玛帝国”。

沃尔玛商店出售的物品从家用杂货、男女服装、儿童玩具，到饮食、家具等等，无所不包，已经是一个超级连锁帝国！而现在，这些数字还在不断上升之中。

善于学习才能壮大的故事

20世纪80年代，一名巴西商人给10个美国零售商人写信，希望知道美国人是如何经营零售业的。多数老板都不屑回复或婉言谢绝，只有沃尔玛公司的山姆·沃尔顿是惟一的例外。当巴西商人及其同事来到沃尔玛总部阿肯色时，受到的是轰炸般一连串问题的招待，原来山姆·沃尔顿是想向他们了解南美零售业方面的情况。山姆·沃尔顿的力量来自于如饥似渴地学习。

第三节　美国人的"美国梦"

永不停歇的沃尔顿

说山姆·沃尔顿是沃尔玛的灵魂，实在毫不为过。山姆不但亲手创造了沃尔玛，而且在将近30年的岁月里，一直亲自领导它的日常业务，决定着它的发展方向，并以自己的风格、个性、理念深刻地影响着它，使沃尔玛不仅创造了"二战"后美国零售业的最大奇迹，并且成为美国零售巨型公司中最有个性的公司。

山姆一生都在勤勉地工作。在他60多岁的时候，每天仍然从早上4:30就开始工作，直到深夜，偶尔还会在某个凌晨4:00访问一处配送中心，与员工一起吃早点和咖啡。

他常自己开着飞机，从一家分店跑到另一家分店，每周至少有4天花在这类访问上，有时甚至6天。在周末上午的经理会前，他通常3:00就到办公室准备有关文件和材料。

70年代时，山姆保持一年至少对每家分店访问两次，他熟悉这些分店的经理和许多员工。后来，公司太大了，不可能遍访每家分店了，但他仍尽可能地跑。

作为一名出身普通农民家庭的子弟，山姆所取得的成就，确实值得骄傲。

在一个崇尚个人奋斗和企业家精神的国家，他的一生可谓非常精彩，可以说实现了成千上万普通美国人的"美国梦"。

1992年，深居简出的山姆去世。按照遗嘱，他的股份分给了妻子、三个儿子和一个女儿。沃尔顿家族五人2001年包揽了《福布斯》全球富翁榜的第7至11位，五人的资产总额达到931亿美元，比世界首富比尔·盖茨高出344亿美元，成为世界上最富有的家族。

对待财富冷静　大胆

沃尔顿常说，金钱，在超过了一定的界限之后，就不那么重要了。

他对于自己财富的态度很冷静，这种公众形象报道在他对一次股市暴跌的反应中进一步得到证实。

1987年10月19日股市行情暴跌，道琼斯工业指数一天内下降508点，沃尔玛的股票比一周前的价格跌落32%，使得沃尔顿损失净值17亿美元。

沃尔顿那天去小石城与阿肯色其他一些公司的领导人一起就高等教育问题开了一次记者招待会。当他到达市长比尔·克林顿的办公室时，记者询问了他对这次股市暴跌的反应。“钱不过是些纸片而已，”“我们创业时是如此，之后也一样。”钱并不重要，重要的是企业的规模。他的目标永远是那么大胆。

1976年，125家零售店当年的销售总额为3.43亿美元。沃尔顿曾信心十足地公开许诺，五年之内，他将使销售额达到现在的3倍。“如果你愿意，现在可以把它写到墙上。”他对珍妮特·瑞蒂斯说。瑞蒂斯是一位作家，正在为《金融世界》写一篇关于沃尔顿的专访。

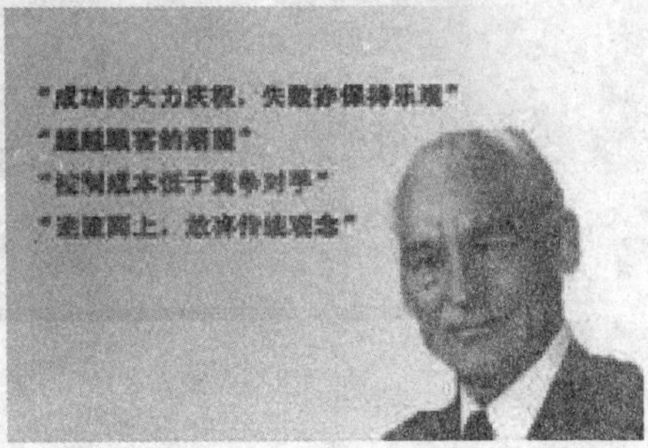

“成功亦大力庆祝，失败亦保持乐观”
“超越顾客的期望”
“控制成本低于竞争对手”
“逆流而上，放弃传统观念”

“到1981年1月31日，我们会达到10亿美元的营业额。”结果是，沃尔玛比他预定的日期提前一年就达到了12.5亿美元的营业额。到1985年，沃尔玛公布了它64亿美元的销售额，仍然排在凯玛特(220亿美元)和西尔斯(250.3亿美元)的后面，这时沃尔顿

和格拉斯已经在公开谈论要成为全美最大的零售商。

1990年，沃尔顿开始对沃尔玛下一个10年作出规划。他认为，赶上西尔斯和凯玛特没有问题，今后的两年就能做到。他很有把握，所以他也许能活到亲眼见到的时候。他对有关沃尔玛的潜力挖掘方面兴趣更浓。第二年，在一年一度的大会上，他向欢欣的股民们满怀信心地宣布计算结果：不论他是否还健在，到2000年，沃尔玛的销售额要增加5倍以上，达到每年1 290亿美元——远远超过西尔斯和凯玛特，从而成为世界上最有实力的零售商。现在，他的目标实现了。

在20世纪的最后50年中，把美国梦的蓬勃生命力展现得最淋漓尽致的人莫过于萨姆·沃尔顿。经过几十年的奋斗，山姆·沃尔顿把美国阿肯色州的小镇本顿维尔上一家毫不起眼的杂货零售店，发展成为拥有4 000多家连锁店的全球零售之王和世界第一企业——沃尔玛。

沃尔顿事业成功十大法则

1. 忠于你的事业。
2. 和下属分享利益，视下属为伙伴。
3. 激励员工。
4. 尽可能和同仁进行交流。
5. 感激同仁对公司做的每一件事。
6. 成功了要高兴，失败了则不要灰心。
7. 倾听每一个人的意见，让大家畅所欲言。
8. 超越顾客的期望。
9. 比竞争对手更节约开支。
10. 逆流而上，另辟蹊径，走创新之路。

第四节 威力无比的“沃尔玛帝国”

“疯颠”的企业文化

山姆·沃尔顿的儿子，罗伯逊·沃尔顿是现任的沃尔玛公司董事会主席，他认为，沃尔玛取得成功，与独特的企业文化密不可分。不管什么时候，你只要走进任何一家沃尔玛连锁店，你肯定会找到价格最低的商品和你希望得到的真正的服务。在每一家连锁店的每一个销售间，你都会产生一种在自己家里的感觉。这就是沃尔玛的企业文化。“让顾客满意”是沃尔玛公司的首要目标。

无论人们到哪一个沃尔玛连锁店，都会发现其强烈的文化特色，而卓越的顾客服务就是沃尔玛的最大特色，山姆说过：“顾客能够解雇我们公司的每一个人，他们只需要到其他地方去花钱，就可做到这一点。”在沃尔玛，只有顾客才是老板，顾客永远是对的。“要为顾客提供比满意更满意的服务”，沃尔玛公司真的做到了这一点。

山姆教导员工：“当顾客走到距离你10英尺的范围内时，你要温和地看着顾客的眼睛，鼓励他向你咨询和求助。”这一条被概括为“十英尺态度”，成为沃尔玛的员工准则。还有沃尔玛企业文化中“不要把今天的工作拖到明天”、“永远提供超出顾客预期的服务”等规则，已写进了美国的营销教科书。

沃尔玛创始人山姆·沃尔顿在参观韩国的一家网球工厂时，发现工厂里的工人每天早上聚集在一起欢呼和做体操。他很喜欢这种做法并且急

> **合格的“微笑服务”**
>
> 山姆有句名言：“请对顾客露出你的八颗牙。”

不可待地回去与同事分享。他曾经说过，因为我们工作如此辛苦，我们在工作过程中，都希望有轻松愉快的时候，使我们不用总是愁眉苦脸。这是“工作中吹口哨”的哲学，我们不仅仅会拥有轻松的心情，而且会因此将工作做得更好。

沃尔玛的员工总是设法让生活变得有趣及充满意外，他们经常会作出近似疯狂的举动来吸引人们的注意，让顾客们感觉趣味横生。山姆本人就是一个典型，有一次他答应如果公司业绩出现飞跃，他会穿上草裙和夏威夷衫在华尔街上跳草裙舞。当年公司营业额的确超出了他的预料，于是他真的在美国金融之都华尔街上跳起了欢快的草裙舞，当时被报界大肆曝光。

尽管有些人认为沃尔玛有一群疯疯颠颠的人，但了解沃尔玛文化的人却懂得它的用意，旨在鼓励人们打破陈规和单调生活，去努力创新。“为了工作更有趣。”这就是山姆的“吹口哨工作”哲学。

沃尔玛的创新精神，也让它早在多年前就进入在线销售行业，借助自己在服务和价格上的一贯优势，在竞争激烈的在线零售行业取得骄人的成绩。

赚钱的“女裤理论”

千万别以为这是对山姆·沃尔顿的贬低，事实上，当你知道这位富豪级的“小气鬼”曾经向美国5所大学捐出了数亿美元，并在全国范围内设立了很多奖学金时，你对于山姆的看法肯定会来个一百八十度的大转弯。

使沃尔玛成功的是山姆的“薄利多销”政策。他的“女裤理论”就是沃尔玛营销策略的最好说明：女裤的进价0.9美元，售价1.2美元。如果降价到1美元，我会少赚一半的钱，但却能卖出3倍的货。当年，小沃尔顿们与父亲一起坐在外面的停车场上，数停在那里的车辆。所有数字后来都被记在了沃尔顿的笔记本上。这就是40年前的市场调查，今天“沃尔玛”电脑系统的独特数据就是在此基础上建立起来的。

在70年代，沃尔玛的销售收入和纯收入以每年40%的速度增长着。营业收入和纯收入分别在10年时间增长40倍和35倍。这使沃尔玛一跃成为全美最年轻的年销售收入超10亿美元的区域性零售公司和成长最快的、领先的区域性折扣百货公司。而80年代则是沃尔玛走向巨人的10年，在这10年内它保持了35%以上的年增长速度和不断下降的经营成本，使它成为全国零售行业的巨人。

第一财富家族

在2003年9月公布的《福布斯》400富豪榜上，沃尔玛公司的五个沃尔顿以205亿美元的身家并列第四，直逼以220亿美元排名第三的微软创始人之一保罗·艾伦，同时以1 025亿美元的总资产，远超排名第一的比尔·盖茨460亿美元的财富总额，是名副其实的世界第一财富家族。沃尔顿家族已经连续数年以这种方式把持着《福布斯》富豪榜前10名的一半位置。在当年公布的《财富》“美国2003年最受尊敬的十大公司排行榜”中，沃尔玛首次荣登榜首。

“日落原则”和“三米微笑”

山姆开店坚守着一个信念，“只要商店能够提供最全的商品、最好的服务，顾客就会蜂拥而至。”他向员工提出了两条要求：“日落原则”和“三

> **“超值服务”**
>
> 一位名叫萨拉的员工奋不顾身把一名儿童从马路中央拉开，避免了一起交通事故；另一位名叫菲利斯的员工对突发心脏病的顾客实施紧急抢救，使其转危为安；而一位名叫安迪的员工，主动延长工作时间，帮一位母亲挑选儿子过生日的礼物，却不惜耽误了自己儿子的晚会。

米微笑”。

“日落原则”也叫“太阳下山”原则，是指每个员工都必须在太阳下山之前完成自己当天的任务，而且，如果顾客提出要求，也必须在太阳下山之前满足顾客。这是每个店员必须达到的标准，不管是乡下的连锁店还是闹市区的连锁店。

沃尔玛公司还有一个著名的“三米原则”，即沃尔玛公司要求员工无论何时，只要顾客出现在三米距离范围内，员工必须微笑着看着顾客的眼睛，主动打招呼，鼓励他们向你咨询和求助。同时，对顾客的微笑还有量化的标准，即对顾客露出你的“八颗牙齿”。

沃尔玛这些“超过期望”的服务，不仅赢得了顾客的热情称赞和滚滚财源，而且为企业赢得了价值无限的“口碑”，为企业长远发展奠定了坚实的基础。

另外，他还为公司制定了三大基本信仰：“服务顾客”、“尊重个人”和“追求卓越”。遵循着山姆·沃尔顿的信念，沃尔玛的连锁店越开越多，并有折扣店、购物广场、山姆会员店和家居商店四种，全部由公司控股，实行直营连锁。

“抠门儿”的富豪家族

山姆·沃尔顿第一次被《福布斯》杂志列为全美富豪排行榜的首位是在1985年10月。山姆和沃尔玛商店一夜之间成为全美公众关注的焦点，大批记者拥向山姆的住地。然而，当他们看到这位美国第一富豪过着最简朴的生活时，不禁大失所望：山姆穿着一套自己商店出售的廉价服装，戴着一顶打折的棒球帽，开着一辆破旧不堪的小货运卡车上下班，车后还安装着关猎犬的狗笼子……

尽管山姆成了亿元富翁，但他节俭的习惯却一点也没变。他没购置过豪宅，一直住在本顿维尔，经常开着自己的旧货车进出小镇。镇上的人都知道，山姆是个“抠门”的老头儿，每次理发都只花5美元——当地理发的最低价。但是，这个“小气鬼”却向美国5所大学捐出了数亿美元，并在全国范围内设立了很多奖学金。

老沃尔顿的几个儿子也都继承了父亲节俭的性格。美国大公司一般都有豪华的办公室，现任公司总裁吉姆·沃尔顿的办公室却只有20平方米，公司董事会主席罗宾逊·沃尔顿的办公室则只有12平方米，而且他们办公室内的陈设也都十分简单，以至于很多人把沃尔玛形容成“‘穷人’开店穷人买”。干什么事是一回事，怎么干是另一回事。

沃尔玛始终坚持自己的做事方式，决不随波逐流。经理们办公的场地总是最简陋的，那个在货架前铲货的人往往就是那家商店的经理。节省每一笔开支，而且始终如一，使得沃尔玛与一大批当时很活跃的零售商区别开来。

“节俭”的沃尔玛在短短几十年时间内迅速扩张。2000年，沃尔玛全球销售总额达到1 913亿美元，甚至超过美国通用汽车公司，仅次于埃克森-美孚石油，位居世界第二。沃尔顿家族五人2001年包揽了《福布斯》全球富翁榜的第7至11位，五人的资产总额达到931亿美元，比世界首富比尔·盖茨高出344亿美元，成为世界上最富有的家族。

山姆·沃尔顿的成功故事

山姆·沃尔顿，又一次接受《财富》杂志记者的访问，记者跟他讲说：“沃尔顿先生，在某一个日期的下午二点钟，我去你的办公室访问你可以吗？访问你如何经营你的企业，成为世界首富，成为全美第一名企业？”山姆·沃尔顿说：“没有问题，你就来吧。”结果那一天，记者下午两点钟就到了他的这个办公室，发现总裁山姆·沃尔顿根本不在。记者等了半个小时，非常生气，他说：“哇，你以为你是世界首富，你这么大牌，怎么爽约，小心我在媒体写你的坏话，不要小看我这个小小的记者，我给你好看！”结果记者还是找不到山姆·沃尔顿，就问他的秘书：“到底这个总裁在哪里？”后来这个秘书打电话打了好久，发现总裁原来在附近的店面里。记者就跑去店里面，看到山姆·沃尔顿在干什么呢？身为世界首富，拥有250亿美金资产的人，他在那个收银台前面，帮顾客把东西装到牛皮纸袋中，然后拿着推车推出去，装到顾客后车厢里面。记者说：“你是山姆·沃尔顿吗？”他说：“是的是的，对不起我现在没空。”记者说：“我要访问你呀，你怎么爽约啊？我是跟你约在办公室。”山姆·沃尔顿说：“我以为这就是我的办公室。”——他的办公室定义就是现场，很多总裁坐在办公桌的后面，他的公司怎么倒的都不太清楚。这个记者看到这个沃尔玛百货大排长龙，

哇，他说：“山姆·沃尔顿先生，你店里的生意这么好，到底是怎么经营的？”山姆·沃尔顿说：“什么啊，顾客排队等这么久，这还叫生意好啊？”记者吓了一跳，后来记者又问他：“山姆·沃尔顿，你拥有250亿美金，身为世界首富，你怎么在做这么粗微的工作，你付这些

员工多少钱一个小时来做这些工作?”山姆·沃尔顿说:“记者啊,你以为钱从哪里赚来,就从这个粗微的工作,从销售开始。”后来记者又想要问他,山姆·沃尔顿说:“对不起现在没空。” 等到为这个顾客服务完毕之后,山姆·沃尔顿说:“你要访问我,你就跟我来吧,上我的车子。”后来沿路开车,突然山姆·沃尔顿说:“Stop!”(停),他叫他的副总下去,为什么呢?山姆·沃尔顿看到一家店面上面写着“即将倒闭大拍卖”。山姆·沃尔顿说:“各位副总,我们进去跟他学习。”副总想:老板,总裁,你头脑可能进水了,你是世界首富,我们是世界第一名,你要去跟一家倒闭的公司学习。山姆·沃尔顿说:“这家公司倒闭一定有原因,我们一定要避免他失败的原因。”

第四章　一代商圣——胡雪岩

胡雪岩名言

德业是点滴积攒的，修养不是一时练就的。现实一再告诫人们，经常占小便宜的人，最终吃的是大亏。

如果你有一乡的眼光，你可以做一乡的生意，如果你有一县的眼光，你可以做一县的生意，如果你有天下的眼光，你可能做天下的生意。

说话要言行一致，行为要表里如一。做人要前后一致，做事要大小如一。

第一节　走近人物

胡雪岩速写

胡光墉(1823—1885)，字雪岩，徽州绩溪人，因在杭州经商，寄居杭州，幼名顺官，字雪岩，著名徽商。

中国近代著名红顶商人，在中国历史上被称为“一代商圣”，富可敌国的晚清著名企业家，政治家；开办胡庆馀堂中药店。

后入浙江巡抚幕，为清军筹运饷械，1866年协助左宗棠创办福州船政局，在左宗棠调任陕甘总督后，主持上海采运局局务，为左宗棠大借外债，筹供军饷和订购军火，又依仗湘军权势，在各省设立阜康银号20余处，并经营中药、丝茶业务，操纵江浙商业，资金最高达2 000万两以上，是当时的"中国首富"。

人称"为官须看《曾国藩》，为商必读《胡雪岩》"。

个人履历

光墉幼时家贫，帮人放牛为生，稍长，由人荐往杭州于姓钱肆当学徒，得肆主赏识，擢为跑街。后在王有龄的帮助下乃开阜康钱庄，并与官场中人往来，成为杭城一大商绅。

咸丰十一年（1861）十一月，太平军攻杭州，光墉从上海、宁波购运军火、粮米接济清军。左宗棠任浙江巡抚，委光墉为总管，主持全省钱粮、军饷，因此阜康钱庄获利颇丰。京内外诸公无不以阜康为外库，寄存无算。

他还协助左宗棠开办企业，主持上海采运局，兼管福建船政局，经手购买外商机器、军火及邀聘外国技术人员，从中获得大量回佣。

他还操纵江浙商业，专营丝、茶出口，操纵市场、垄断金融。至同治十一年（1872）阜康钱庄支店达20多处，布及大江南北。资金2000万余两，田地万亩。

由于辅助左宗棠有功，曾授江西候补道，赐穿黄马褂，是一个典型的官商。

同治十三年，筹设胡庆馀堂雪记国药号，光绪二年（1876）于杭州涌金门外购地10余亩建成胶厂。

胡庆馀堂雪记药号，以一个熟药局为基础，重金聘请浙江名医，收集古方，总结经验，选配出丸散膏丹及胶露油酒的验方400余个，精制成药，便于携带和服用。

其时，战争频仍，疫疠流行，"胡氏辟瘟

经商名言

1.为人不可贪，为人不可奸。经商重信誉，无德不成商。

2.上半夜想想自己，下半夜想想别人。

3.人生就要不断做出合理的阶段性的调整。

4.好好工作其实是对自己好，不是对别人好。

丹”、“诸葛行军散”、“八宝红灵丹”等药品备受欢迎。此后，胡光墉亲书“戒欺”字匾，教诫职工“药业关系性命，尤为万不可欺”，“采办务真，修制务精”。

其所用药材，直接向产地选购，并自设养鹿园，且招牌为“真不二价”。胡庆馀堂现为国内规模较大的全面配制中成药的国药号，饮誉中外，对中国医药事业发展起了推动作用。

光绪八年(1882)，光墉在上海开办蚕丝厂，耗银2000万两，生丝价格日跌，据他观察，主要原因是华商各自为战，被洋人控制了价格权，胡雪岩高调坐庄。

百年企业史上，第一场中外大商战开始了。开始，胡氏高价尽收国内新丝数百万担，占据上风。华洋双方都已到忍耐极限，眼见胜负当判，谁知“天象”忽然大变。

欧洲意大利生丝突告丰收再就是中法战争爆发，市面剧变，金融危机突然爆发。事已如此，胡雪岩已无回天之力。

次年夏，被迫贱卖，亏耗1000万两，家资去半，周转不灵，风声四播。各地官僚竞提存款，群起敲诈勒索。十一月，各地商号倒闭，家产变卖，胡庆馀堂易主，宣告关门倒闭。

接着，慈禧太后下令革职查抄，严追治罪。光墉遣散姬妾仆从，姬妾仆从宁死都不离开胡雪岩。他的棺木埋于杭州西郊鸬鹚岭下的乱石堆中。1921年纱布交易所建立，也算是给乱坟堆里的胡雪岩一个迟到了30年的告慰。

后人评价

显赫一时的一代豪商胡雪岩，终于一贫如洗。他曾经拥有的万贯家财和浮华一生，都没能给后人留下基业与向往。

倒是他精心创下的胡庆馀堂，至今仍以其“戒欺”和“真不二价”的优良传统矗立在杭州河坊街上，虽然钦差大人文煜为了保存这座国药国库，

华商偶像

因为国外的环境和中国相去甚远，在中国做生意还是要研究国学，中国特有的官僚制度，人际关系，信用制度，胡雪岩作为中国商人的偶像当之无愧!!

帮助胡雪岩接管胡庆馀堂。善良的百姓，至今仍记得他姓胡，并因胡庆馀堂而传颂着胡雪岩的名字。

清朝时讲，北有王锡衮，南有胡雪岩。有人认为目前胡雪岩应该是中国商人的偶像。毫无疑问，他是一个官商，同时，令人佩服的是他黑白通吃。

在当时中国政府的力量是无穷的，权限极大，所以企业要做大，必须找到这个靠山。

胡雪岩的个人魅力更是了得，他虽然有那么多的老婆，但是他的家庭关系处理得非常好，而且不同时期不同的老婆都发挥过很重要的作用，在当时缺乏信用契约的前提下，有老婆相助（相对稳固的夫妻契约）更是如虎添翼！

胡雪岩的经历充满了传奇色彩：他从钱庄一个小伙计开始，通过结交权贵显要，纳粟助赈，为朝廷效犬马之劳；洋务运动中，他聘洋匠、引设备，颇有劳绩；左宗棠出关西征，他筹粮械、借洋款，立下汗马功劳。

几经折腾，他便由钱庄伙计一跃成为显赫一时的红顶商人。他构筑了以钱庄、当铺为依托的金融网，开了药店、丝栈，既与洋人做生意也与洋人打商战。

胡雪岩一生，是非功过褒贬不一，这里且只分析他的人道。胡雪岩的成功，很重要的一条原因就是他善于用人，以长取人，不求完人。他说一个人最大的本事，就是用人的本事。

清人顾嗣协曾有诗：

骏马能历险，犁田不如牛。

坚车能载重，渡河不如舟。

舍长以取短，智高难为谋。

生材贵适用，慎勿多苛求。

第二节　一代巨贾经商路

白手起家遇贵人

从扫地、倒尿壶等杂役干起，三年师满后，就因勤劳、踏实成了钱庄正式的伙计。正是在这一时期，胡雪岩靠患难知交王有龄的帮助，一跃而成为杭州一富。

王有龄，字英九，号雪轩，福建侯官人。

在道光年间，王有龄就已捐了浙江盐运使，但无钱进京。后胡雪岩慧眼识珠，认定其前途不凡，便资助了王500两银子，叫王有龄速速进京混个官职。后王有龄在天津遇到故交侍郎何桂清，经其推荐到浙江巡抚门下，当了粮台总办。

王有龄发迹后并未忘记当年胡雪岩知遇之恩，于是资助胡雪岩自开钱庄，号为阜康。

之后，随着王有龄的不断高升，胡雪岩的生意也越做越大，除钱庄外，还开起了许多的店铺。

庚申之变成为胡雪岩大发展的起点。在庚申之变中，胡雪岩处变不惊，暗中与军界搭上了钩，大量的募兵经费存于胡的钱庄中，后又被王有龄委以办粮械、综理漕运等重任，几乎掌握了浙江一半以上的战时财经，为今后的发展奠定了良好的基础。

亦官亦商　名利双收

胡雪岩之所以可以迅速崛起，除了得益于王

有龄之外,另一个人也起到了重要的作用,这个人就是左宗棠。

1862年,王有龄因丧失城池而自缢身亡。经曾国藩保荐,左宗棠继任浙江巡抚一职。左宗棠所部在安徽时饷项已欠近五个月,饿死及战死者众多。

此番进兵浙江,粮饷短缺等问题依然困扰着左宗棠,令他苦恼无比。急于寻找到新靠山的胡雪岩又紧紧地抓住了这次机会:他雪中送炭,在战争环境下,出色地完成了在三天之内筹齐十万石粮食的几乎不可能完成的任务,在左宗棠面前一展自己的才能,得到了左的赏识并被委以重任。

在深得左宗棠信任后,胡雪岩常以亦官亦商的身份往来于宁波、上海等洋人聚集的通商口岸间。他在经办粮台转运、接济军需物资之余,还紧紧抓住与外国人交往的机会,勾结外国军官,为左宗棠训练了约千余人、全部用洋枪洋炮装备的常捷军。这支军队曾经与清军联合进攻过宁波、奉代、绍兴等地。

胡雪岩还为左宗棠的西征举借洋款,助左宗棠成功收复新疆,结束阿古柏在新疆十多年的野蛮统治。

1866年,左宗棠由闽浙总督调任陕甘总督,奉命出关西征。正所谓兵马未动,粮草先行,西征军经费虽然由各省共同筹集,但为数不多,且经常拖欠。

为解决经费问题,左宗棠只好奏请借洋款救急。自然,具体经办借洋款事务这一重任落在了胡雪岩肩上。胡雪岩通过在上海汇丰银行任帮办一职的朋友古应春的安排,打算向英国渣打银行借款。

胡雪岩与该银行经理首次面

穿黄马褂的投资人

胡雪岩是清朝三百年惟一被赐穿黄马褂的商人。胡雪岩的经历充满了传奇色彩,他慧眼独具地投资了两个人,王有龄和左宗棠。王有龄使胡雪岩在商界立足,赚取了人生的第一桶金;左宗棠使胡雪岩在政商二界飞黄腾达,拿到了象征着慈禧近臣的从二品顶戴"红顶子"和黄马褂而名噪一时。胡雪岩凭借胡家的聪明特质走了另一条独木桥,让官场和商界都拜倒在他的财富势力圈,成就自己的财富事业。

谈便因在利息、借款期限等问题上无法达成一致，不欢而散。后在胡雪岩的精心策划下，自称中国通的渣打银行驻中国地区总经理被收拾得服服帖帖，双方很快就利息、期限、偿还方式等细节达成一致。

胡雪岩为西征筹得第一笔借款。此后，为助左宗棠西征，胡雪岩先后六次向洋人借款，累计金额为1 870万两白银，而利息至少占总数的一半，可以说是非常惊人的高利贷。但从当时的情况来看，这一借款举动是值得的。

当然，图利是商人的本性，胡雪岩也无法脱俗，他浮报了利率，利用借贷款实付利息与应付利息之间的差额，吃了“回扣”。但总的来说，在当时西征大军欠缺粮饷，各方相互推委的艰难时刻，胡雪岩能够挺身而出，不辞劳苦担负起筹借洋款的重任，协助左宗裳西征保住新疆，还是表现了他的爱国之情。虽然，我们常常把奸字与商字连在一起，甚至更有无奸不商一说，但就事实而论，生意场中也有性情中人，胡雪岩算得上其中之一。

在左宗棠任职期间，胡雪岩管理赈抚局事务。他设立粥厂、善堂、

义垫，修复名寺古刹，收殓了数十万具暴骸；恢复了因战乱而一度终止的牛车，方便了百姓；向官绅大户劝捐，以解决战后财政危机等事务。胡雪岩因此名声大振，信誉度也大大提高。这样，财源滚滚来也就不在话下了。

自清军攻取浙江后，大小将官将所掠之物不论大小，全数存在胡雪岩的钱庄中。胡雪岩以此为资本，从事贸易活动，在各市镇设立商号，利润颇丰，短短几年，家产已超过千万。

晚清时期著名的洋务运动由曾国藩、左宗棠、李鸿章三人发起。此三人在同太平天国战争中，认识到了西方先进军事技术的重要性，迫切地要求向西方学习、自强御侮，但由于他们的特殊身份，不便与外国人打交道。这样，与左宗棠联系极为密切，谙通华洋事务的胡雪岩在洋务运动中又找到了用武之地。

他协助左宗棠创办了福州船政局、甘肃织呢总局；帮助左宗棠引进机器，用西洋新机器开凿泾河。毫不夸张地说，左宗棠晚年的成功中有着胡雪岩极大的功劳。

功成名就

作为一代红顶商人，胡雪岩叱咤商场，写尽人间风流。更令后人称道的是，他为富且仁，乐善好施，做出众多义举，在赢得胡大善人的美名、黄马褂加身的同时，亦获得了更多的财富。在他的这些义举中，胡庆馀堂药号的开办，尤为后人们所称道。

关于创办胡庆馀堂雪记国药号的缘由，流传至今的有两种说法：一种说法为胡雪岩因胡老太太生病抓药受阻，怒而开药号；一种说法为胡雪岩因小妾生病，抓回的药中有以次充好的一两味药，要求更换时遭到药店伙计的抢白，激愤而开药号。

经商理念

方法就是活生生的现实再现，欲想拜官 先拜宝眷，欲会同行，先谈油水；要做善事先有钱；真不二价，价二不真；会花钱才会挣钱；人闲心不闲！

实际上，任何偶然事件都有其必然性，胡庆馀堂的开创与胡雪岩深受杭州悠久的中医文化熏陶，身处乱世而兴济世救人之念有着密切的关系。

其实，早在1875年由于战乱、疫病等原因，死亡率剧增，人口负增长之时，胡雪岩便已打定救死扶伤的主意。他邀请江浙一带的名医研制出诸葛行军散、八宝红灵丹等药品，赠给曾国藩、左宗棠等部及受灾区民众。

胡雪岩在全盛时期开创的胡庆馀堂将他救死扶伤的对象范围扩大到全天下所有的百姓。

在胡雪岩的主持下，胡庆馀堂推出了十四大类成药，并免费赠送辟瘟丹、痧药等民家必备的太平药，在《申报》上大做广告，使胡庆馀堂在尚未开始营业前就已名声远播，这正是胡雪岩放长线钓大鱼的经营策略。1878年春，以上的耗费换来的是成倍的利润。

胡庆馀堂在1880年时，资本达到280万两银子，与北京的百年老字号同仁堂南北相辉映，有北有同仁堂，南有庆馀堂之称。而胡雪岩，胡庆馀堂的创办者，也因其不耻下问、勇于探索，以一个钱庄出身、不熟悉药业的人在中国药业史上写下了光彩夺目的一笔，使胡雪岩的声名不至被时间所冲淡。这也算是善有善报吧！

除了创办胡庆馀堂以悬壶济世的义举之外，胡雪岩还为左宗棠的西征举借洋款，为左宗棠成功收复新疆，结束阿古柏在新疆十多年的野蛮统治立下了汗马功劳，以上这些事情又书写了他人生中精彩的一笔。

在功成名就之后，他并未忘记他的发迹之地——杭州，为杭州百姓做了许多义举。

他开设钱塘江义渡。方便了上八府与下三府的联系，并设船，为候渡乘客提供方便，并因此博得了“胡大善人”的美名。

他还极其热心于慈善事业，乐善好施，多次向直隶、陕西、河南、山西等涝旱地区捐款赈灾。

到1878年，除了胡雪岩捐运给西征军的药材外，他向各地捐赠的赈灾款估计已达20万两白银。

更鲜为人知的是，在轰动朝野的杨乃武与小白菜一案中，他利用自己的声誉活动京官，赞助钱财，为此案最终昭雪立下了汗马功劳，并借此案使他的义声善名更加深入人心。

此外，他还两度赴日本，高价购回流失在日本的中国文物。从这一切举动中可见他行侠仗义的仁厚之心和一颗拳拳爱国之心。

一代豪商惨然离世

古语有云：福兮祸之所伏。胡雪岩在商场驰骋多年，靠官府做后台，一步步走向事业的顶峰，风光无限，但其最终的失败，却也是由官场后台的坍倒和官场的倾轧所致。

胡雪岩虽为商人，但他的发迹以及鼎盛与政界要人的庇护有着密不可分的关系。

胡雪岩紧紧把握住了大树底下好乘凉的精髓，他先借助王有龄开钱庄，又以左宗棠为靠山创办胡庆馀堂，为西征筹借洋款，恢复因战事而终止的牛车，为百姓、为国家作出了一定的贡献，从而一步步走向事业的巅峰。

作为一名商人，他被御赐二品顶戴，被赏黄马褂，这在中国历史上是罕见的。但就是这样一位已名利双收、事业有成的人，却在几天之内垮掉了，他的事业也随之走到了尽头。

胡雪岩生意的失败是由于他野心过大，急于扩充，出现决策性失误，试图垄断江浙生丝生意出口从而激怒洋商，生丝销不动使钱庄因缺乏流动资金而被挤兑，致使其经营的生丝铺、公济典当、胡庆馀堂等纷纷关闭。但导致胡生意失败的另一重要的原因是政治敌人的打击。

胡雪岩虽聪明一世，与官场人物交往甚密，却因为不谙官理、刚愎自用、不懂变通而成为左宗棠与李鸿章政治斗争的牺牲品，成为李鸿章排左先排胡，倒左先倒胡策略的牺牲者，实在令人为之扼腕叹息。

导致胡雪岩资金链断裂的，还有号称“洞庭山帮”的席正甫。此人是清朝金融买办的缔造者，他为汇丰银行工作。胡雪岩陷入的是国外金融资本势力和国内金融买办势力的内外夹击，其失败在战略上早已无可挽回。

商训

是“天”、“地”、“人”，内容即为：天为先天之智，经商之本；地为后天修为，靠诚信立身；人为仁义，懂取舍，讲究“君子爱财，取之有道”。

胡雪岩破产后，把所有的姨太太都叫到跟前，每人给了几百两银子，让她们另找归宿。同时他也把债主们划了三个等级，有权的、当官的为一等——这些人得罪不起。

生活过得贫困的，每月只有几两银子的——为三等，三等债主也是每月一定要的。

最后就是二等了，他们的银子每月一百两，同时他们也不愁这银子过日子，可还可不还；留在胡氏身边的，除了正房还有一个九姨太，为什么留九姨太呢？九同"久"一个音，预意长长久久。靠着胡庆馀堂的微薄收入，胡雪岩凄凉地度过了他的晚年，于光绪十一年（公元1885年），黯然离世。

胡雪岩没听明白的五句话

1．母亲的话："儿子啊，你不要老是想着赚钱，你要想一想，赚那么多钱干什么？"（赚钱不是目的，钱只是人做事的工具。）

2． 父亲的话："将来能够把家运振兴起来的大概就是你了。"（做人要安分守己，凡事不要太过分。）

3．结拜兄弟王有龄的话："我的心里头实在有一种恐惧，有一些害怕，因为我们太顺利了。福兮祸之所伏。"（在顺利的时候更应该格外小心谨慎。）

4．知音、合作伙伴左宗棠的话："就算不为功名，也要多读点书。"（读书并明白道理，那是最有定力的人。）

5．中国名言："情理法需要得到平衡。"（不能很好地驾驭情理法的阴阳关系，就难免误入歧途。）

第三节　名人轶闻

商朝的古董

清代红顶商人胡雪岩的当铺里来了生意，客人拿来了所谓稀世珍宝——“商朝的古董”，出价300两银子，当铺伙计收下了。晚上查账，胡雪岩知道了“商朝的古董”这码事，叫管事的通知全城的达官贵人，明天来当铺鉴赏宝贝，并备好筵席将以示庆贺。全城有名望的要员都到了，酒席摆好，贵客坐定。大伙都争先恐后欲一睹为快，即将鉴赏那稀世珍宝“商朝的古董”之真面目。胡雪岩发话：把稀世珍宝请出来……伙计抱着宝贝走下楼……伙计不慎，一脚踏空，连人带宝贝滚下……“商朝的古董”被摔成碎片。顿时大伙大呼小叫：可惜可惜！胡雪岩把古董被打碎的消息传遍全城大街小巷。

第二天，当铺来了真佛——“商朝的古董”的主人拿着300两银子，要赎回那古董，若是拿不出来那宝贝，就要加倍赔偿，否则决不善罢甘休！胡雪岩收下银两，确认银两无假，然后叫掌柜拿出那所谓的“商朝的古董”——“你，你，不是，不是已经摔了吗？”稀世珍宝的主人有点语无伦次。胡雪岩微微一笑，“我摔的那宝贝比你这个更假！”出其不意，攻其不备，以其人之道还治其人之身。胡雪岩这一招儿真妙！人，有真诚善良还不够，还得有智慧。对待狐狸就要比狐狸

胡雪岩小故事

清末首富胡雪岩，官拜三品顶戴布政使衔，人称“红顶商人”。他年轻还是一个小伙计时，东家常常让他拿着账单四处催账。有一次，正在赶路时遇上大雨，同路的一个陌生人被雨淋湿。那天胡雪岩恰好带了伞，便帮人家打伞。后来，下雨的时候，胡雪岩就常常帮一些陌生人打打伞。时间一长，那条路上的很多人都认识他。有时候，他忘了带伞也不用怕，因为会有很多他帮过的人为他打伞。

你肯为别人打伞，别人才会为你打伞。付出不是为了回报，但付出一定会有回报。

更狡猾。可以说,胡雪岩这一招是被逼无奈将计就计。

胡庆馀堂

胡庆馀堂由“红顶商人”胡雪岩开设,始创于一八七四年,地处杭州吴山脚下。在中医药漫长的发展源流中,胡庆馀堂以其精湛的制药技艺和独特的人文价值,赢得了“江南药王”之美誉。

胡庆馀堂许多匾额都是朝外挂的,惟独“戒欺匾”是挂在营业厅的背后,是挂给内部员工看的。这块匾为胡雪岩亲笔写就:“凡百贸易均着不得欺字,药业关系性命尤为万不可欺,余存心济世誓不以劣品弋取厚利,惟愿诸君心余之心。采办务真,修制务精……”。“采办务真”,这“真”,指的是入药的药材一定要“真”,力求“道地”。

创建之初,胡雪岩派人去产地收购各种道地药材。如去山东濮县采购驴皮;去淮河流域采购淮山药、生地、黄芪;去川贵采购当归、党参;去江西采购贝母、银耳;去汉阳采购龟板;去关外采购人参、鹿茸等等。从源头上就着手抓好药品的质量。“修制务精”,这个“修”是中药制作的行业术语。“精”就是精益求精。其意是员工要敬业,制药求精细。在胡庆馀堂百年历史中,流传着许多耕心制药的故事。如“局方紫雪丹”,是一味镇惊通窍的急救药,按古方制作要求最后一道工序不宜用铜铁锅熬药,为了确保药效胡雪岩不惜血本请来能工巧匠,铸成一套金铲银锅,专门制作紫雪丹。现金铲银锅被列为国家一级文物,并誉为中华药业第一国宝。

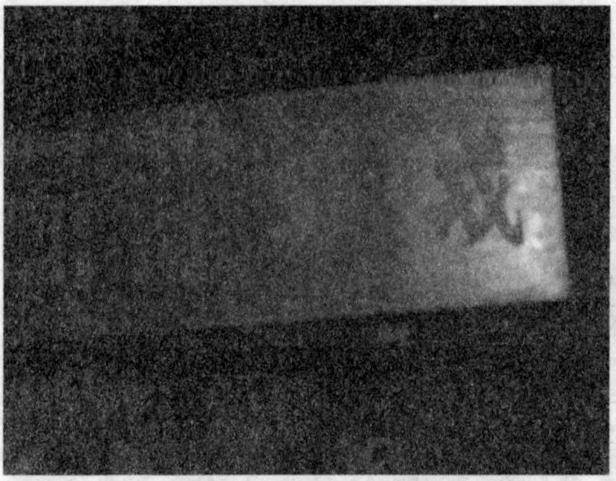

第五章　宗庆后:42岁创业的新首富

宗庆后传奇

23年前,他怀揣着14万元的借款和一个巨大的梦想,脚踩着三轮车,默默地在杭州市清泰街的小巷里,一步一步地朝着他的梦想走近,那时候,宗庆后每卖一根冰棍4分钱,只能赚上几厘钱。

23年后,他以70亿美元身家位列大陆首富,在2010福布斯全球富豪排行榜排名第103位。而面对这一榜单,宗庆后的感言是:企业家最重要的职责还是要把企业做好。"还是应该先做好自己的事情,多为国家贡献税收,多为社会创造就业。"

第一节　走近人物

人物简介

宗庆后,男,祖籍浙江杭州,1945年10月出生于江苏宿迁,高级经济师,浙江大学MBA特聘导师,娃哈哈集团公司董事长兼总经理。2010年9月,宗庆后以财富800亿元成为2010年中国首富,这是中国第一次有"饮料大王"成为全国首富。2011年福布斯全球富豪排行榜在纽约发布,中国内地富豪表现抢眼,娃哈哈的宗庆后以59亿美元位列169。2012年9月3日,娃哈哈发言人称宗庆后持有娃哈哈逾80%的股份,身家升至116亿美元,成中国内地首富。2012胡润百富榜显示,宗庆后以800亿元身家再登首富宝座。2013新财富中国富豪榜。

职业生涯

1945年10月12日，宗庆后出生于江苏省宿迁市东大街，祖父曾是张作霖手下的财政部长，父亲在国民党政府当过职员。宗庆后父亲宗启騄夫妇曾在南京和宿迁居住过，他的曾祖父辈均为杭州府钱塘县籍，且归葬杭州。宗庆后父亲因解放前在汪伪政权下做过职员，解放后失去了在宿迁的工作，全家不得不在宗庆后4岁时迁回祖籍地杭州。

1949年后，家庭非常贫困，共有兄妹5人，家庭成分差，父亲迁回杭州后找不到工作，全家只靠在杭州做小学教师的母亲的工资度日。

1963年，16岁，初中毕业后，宗庆后到舟山马目农场挖盐，晒盐，挑盐。1964年，在浙江绿兴农场任调度。

1978年，宗庆后母亲退休，33岁的宗庆后得以回到杭州，顶替母亲教职入工农校办纸箱厂做推销员。

1979年，在杭州光明电器仪表厂负责生产销售管理。

1981年，在杭州胜利电器仪表厂负责生产销售管理。

1982年，在杭州工农校办厂做业务员。

1986年，任杭州市上城区校办企业经销部经理。

1987年，宗庆后承包校办企业经销部。

1989年，创建杭州娃哈哈营养食品厂，任厂长。

1991年至今，任杭州娃哈哈集团有限公司董事长兼总经理。娃哈哈食品集团公司正式成立。1991年企业产值首次突破亿元大关，达到2.17亿元。

1994年，娃哈哈响应对口支援三峡库区移民工作的号召，投身西部开发，兼并了四川涪陵地区受淹的3家特困企业，建立了娃哈哈第一家省外分公司涪陵公司。此后，娃哈哈迈开了“西进北上”步伐，先后在全国29个省市自治区建立了一百六十多家分公司。

1996年，宗庆后瞄准瓶装水市场，娃哈哈纯净水诞生。有经济学家曾认为，娃哈哈纯净水的出现，是宗庆后搭建商业帝国最重要的一块砖。

1999年获得美国绿卡。

2010年荣登胡润全球百富榜内地榜首。

2012年10月12日，《福布斯》发布2012年福布斯中国富豪榜单，娃哈哈董事长宗庆后以100亿美元的净资产重新登上首富的宝座。

2013年2月28日，胡润全球富豪榜发布，宗庆后以820亿元第三次登内地首富。

学习经历

1981–1983年杭州工人业余大学工业企业管理。

1987–1988年中国厂长(经理)工作研究会企业领导学。

1987–1988年浙江省电视大学企业领导学。

1987年中共杭州市委党校企业管理。

荣誉称号

“全国优秀教育工作者”

“双对口”优秀个人“五一劳动奖章”

“全国劳动模范”

“全国优秀经营管理者”

2002CCTV中国经济年度人物

宗庆后语录

“跨国公司只不过是一个普通的竞争者，他们有他们的优势和局限，在竞争中他们既有可能是狼，也有可能变成纸老虎。”“搞企业与打仗一样，机会来了，要快速反应，及时决策，没有强势领导就做不成事情。”

“全国优秀企业家”

“中国经营大师”

“优秀中国特色社会主义建设者”

袁宝华企业管理金奖

“中国十大民营企业家”

全国爱国拥军模范

中国饮料工业突出贡献奖

全国对口支援三峡移民建设先进个人

宗庆后入围2013胡润慈善榜

第二节　艰辛创业路

从冰棒到娃哈哈

在所有的企业家中，宗庆后最推崇李嘉诚，他的人生目标就是要成为“杭州的李嘉诚”。对此，他信心十足——“李嘉诚前20年的成绩，还没有我宗庆后15年做的大。”然而，造化弄人，起跑开始，宗庆后比李嘉诚足足晚了23年。

宗庆后的家族曾显赫一时，待到解放之后，家庭变得异常贫困，父亲没有工作，只靠做小学教师的母亲一份微薄的工资度日。

1963年，在“唯出身论”的年代，宗庆后“旧官僚后代”的出身让他尝尽了人生的艰辛。初中毕业后，为了减轻家庭负担，宗庆后去了舟山一个农场，后辗转于绍兴的一个茶场。再后来，大批知青相继下乡，宗庆后可以说是知青中的先遣人员了。

在海滩上挖盐，晒盐，挑盐，在茶场种茶，割稻，烧窑，那时的宗庆后与其他任何一个年轻人一样，“脑袋里有过各种各样的梦想”，“总想出人头地，总想做点事情”。然而，在被命运之神遗忘的农村，宗庆后一待就是足足15年。逃避灰色生活的唯一途径，就是四处找些书来看。

> **宗庆后说慈善**
>
> 慈善不仅仅是简单的现金捐赠，而更应该在一些困难的地方做投资，带动就业，上缴税收，带动当地经济的成长，促进当地人观念的转变。不是‘输血式’而是‘造血式’扶贫。

1978年，随着知青的大批返城，33岁的宗庆后回到杭州，在校办厂做推销员，10年里辗转于几家校办企业，依然郁郁不得志。待到他开始创业的时候，已经是一个42岁的沉默的中年男子。

对多数人而言，42岁已是到了被生活磨得精疲力竭、转而把人生愿望寄托到下一代的岁数了。

在被命运遗弃了大半生之后，这一次宗庆后紧紧抓住了命运给予的一丝可能。像一个工作狂似的，风里来雨里去，骑着三轮车到处送货，要把过去所有耽误的时光都追回来。

1987年，他和两位退休教师组成了一个校办企业经销部，主要给附近的学校送文具、棒冰等。

在送货的过程中，宗庆后了解到很多孩子食欲不振、营养不良，是家长们最头痛的问题。

“当时我感觉做儿童营养液应该有很大的市场。”填海时形成的坚毅性格让宗庆后决定抓住这个机遇搏一把，此时的他已经47岁，早错过了创业的最佳年龄。面对众多朋友善意的劝说，宗庆后显得异常固执：“你能理解一位47岁的中年人面对他一生中最后一次机遇的心情吗？”

这是一段异常艰辛的岁月。宗庆后刚刚承包校办工厂的时候，企业又穷又小，什么都没有，中午十来个人蒸饭吃，还受人家的气。即便如此，有了人生寄托的宗庆后在工作中再没有感到过失落。

大半世的消磨，余下的只能以夸父

> **宗庆后语录**
>
> 没有疲软的市场，只有疲软的产品。我一直坚信企业赢利要靠产品去驱动，而快速消费品领域的游戏规则是不进则退。这个行业的最大挑战就是经常遇到同质化竞争。同质化竞争在金融危机中，甚至给弱势企业带来灾难性打击。

追日般的付出，以弥补往日所有的遗憾。

1988年，宗庆后率领这家校办企业借款14万元，组织专家和科研人员，开发出了第一个专供儿童饮用的营养品——娃哈哈儿童营养液。

随着"喝了娃哈哈，吃饭就是香"的广告传遍神州，娃哈哈儿童营养液迅速走红。到第四年销售收入达到4亿元、净利润7000多万元，完成了娃哈哈的初步原始积累。

2012年3月6日，《丽江瑞吉·2012胡润全球富豪榜》榜单显示，李嘉诚以240亿美元成为中国首富，宗庆后以105亿美元成为内地首富。

认识他的人在谈到他的成功时，都有着一样的反映——"迟早的事，在意料之中，也是情理之中，这么勤奋、用心的人，做什么都会成功的。"

小鱼吃大鱼

1991年，娃哈哈儿童营养液销量飞涨，市场呈供不应求之势。

但即便如此，宗庆后依然保持了一种强烈的危机感："当时我感觉如果娃哈哈不扩大生产规模，将可能丢失市场机遇。但如果按照传统的发展思路，立项、征地、搞基建，在当时少说也得二三年时间，很可能会陷入厂房造好产品却没有销路的困境。"

宗庆后将扩张的目标瞄向了同处杭州的国营老厂杭州罐头食品厂。

当时的杭州罐头食品厂有2200多名职工，严重资不抵债；而此时的娃哈哈仅有140名员工和几百平方米的生产场地。

摆在宗庆后面前有三条路：一是联营，二是租赁，三是有偿兼并。显然前两条路是稳当的，而有偿兼并要冒相当大的风险。但宗庆后最终决定拿出8000万元巨款,走第三条路。

娃哈哈“小鱼吃大鱼”的举措在全国引起了轰动,最初包括老娃哈哈厂的职工,都对这一举措持反对态度。

宗庆后最终力排众议,“娃哈哈”迅速盘活了杭州罐头厂的存量资产,利用其厂房和员工扩大生产,三个月将其扭亏为盈,第二年销售收入、利税就增长了1倍多。

1991年的兼并,为娃哈哈后来的发展奠定了基础,也让宗庆后尝到了并购的“乐趣”。之后,并购几乎成为娃哈哈异地扩张的主要手段:到2002年底,娃哈哈已在浙江以外的22个省市建立了30个生产基地,2002年,娃哈哈共生产饮料323万吨,占全国饮料产量的16%。

如果说早期的并购让娃哈哈迅速做大的话,那么与达能的策略型合作则帮助娃哈哈做强。

1996年,娃哈哈的产品已经从单一的儿童营养液扩展到了包括含乳饮料、瓶装水在内的三大系列,当时的娃哈哈效益还很好。

“但我感觉已经出现了危机,企业最薄弱的地方就是规模太小。”宗庆后再一次谈到了他的感觉,“当时除了营养液是我们的主打产品之外,果奶、纯净水都有与我们实力和品牌相差无几的竞争对手。”

宗庆后为此制订了一个投资金额几亿元的长远的规划。“在当时的情况下,如此巨额的投资,通过银行很困难,国内民间融资更不可能。最后,我们想到了国外资本。”

从1996年与达能集团合资兴办了5个企业之后,娃哈哈与外部资金的合作领域越来越广泛,达能集团至今累计投资已近1亿美金。

“几乎每年都有几十个亿的外部资金进来让娃哈哈用,这使企业保持了高速发展的势头。”宗庆后兴

宗庆后的人生目标

我的人生目标是办好企业,养好员工,为国家创造利税,努力向世界500强的行列挺进,希望成为中国企业的“国家队”,与世界上其他的优秀企业比一比,赛一赛,证明我们中国的民营企业也可以培育出货真价实的世界500强企业,我还是全国人大代表,我有义务让企业和员工生活得更好。

奋的说。

由于合资的基础不错。能够抓住外国投资者获取利润的心态并予以满足，避免外商指手划脚硬要经营权，因此娃哈哈与达能的合资，非但没有像许多国内合资项目一样以失败告终，而且合资公司每年的资本回报率都保持在两位数以上。

农村市场养大“非常可乐”

在娃哈哈的成长历史中，非常可乐的成功是不可或缺的一笔。可口可乐和百事可乐已存在一百多年，在全球饮料行业中占有绝对优势。20世纪70年代后期，“两乐”开始进军中国市场，很快便以势如破竹之势占据了我国饮料市场的半壁江山。

在接触众多的经销人员之后，宗庆后发现了“两乐”市场操作的两大缺陷：一方面，“两乐”的决策过分依赖数据模型分析，流程漫长，不可能完全覆盖广阔的农村，而且“两乐”进入中国20年来也一直没有想过要进入农村市场；另一方面，“两乐”对高额利润的无止境追逐使其经销队伍缺乏向心力。

随着“两乐”市场地位的稳固，两乐逐步转向了重视大城市终端的深度分销模式，给经销商的利润空间压得越来越小。

宗庆后再次感觉到了机会。

1998年，娃哈哈推出非常可乐，正式向“两乐”挑战：“非常系列”将双脚扎根于广大的农村，紧紧抓住“两乐”在广大农村认知度相对较低的状况，以低价格切入；同时非常系列给经销商留足了利润空间，很快摆上了经销商柜台的显眼位置。

正是牢牢抓住“两乐”的缺陷做文章，非常可乐很快异军突起。2002年娃哈哈“非常系列”碳酸饮料产销量达到62万吨，约占全国碳酸饮料市场12%的份额，在单项产品上已逼近百事可乐在中国的销量。虽然在城市和发达地区“两乐”仍具有绝对优势，但广大农村市场几乎已被“非常系”控制。

多元化的儿童用品商

2002年5月20日，娃哈哈童装公司在北京举办娃哈哈童装展示发布会。娃哈哈盛传多年的多元化，就此迈开了第一步。而这一步竟是童装，多少有些出乎众人意料。

“童装只是娃哈哈跨行业经营的一个新支点，是娃哈哈进一步多元化的基础。”宗庆后说。

宗庆后的计划是，采取零加盟费的方式在全国开立800家童装专卖店，一举成为国内最大的童装品牌之一。

实际上，在纯净水、可乐、奶饮料等系列产品疯狂赢利的时候，娃哈哈已经感受到了市场饱和的危机。全国饮料市场的大格局已经形成，能大刀阔斧开辟的地方已经不多，这已不能让宗庆后满足。

在此之前，关于娃哈哈多元化的传闻一直没有断过：娃哈哈曾经和英国一家保健品公司建立了一家合资保健品生产厂，但宗庆后最后却以“现在进入保健品，市场时机还不成熟”延缓了大规模进入的日期；娃哈哈曾兼并了一家酒厂，可是后来娃哈哈在酒方面也没有多少投入；娃哈哈维生素含片成功上市，但宗庆后的想法却是“药业的条条框框太多，麻烦”。

关于未来娃哈哈的走向，宗庆后说：“我们有十几个亿的闲余资

哇哈哈的“土”广告

哇哈哈的广告一向被市场认为“土”，从最初的“喝了哇哈哈，吃饭就是香”，“妈妈我要喝，哇哈哈果奶”，到“有喜事当然非常可乐”，一直到现在的爽歪歪和乳娃娃，始终都坚持很本土的广告模式。宗庆后认为，那些强调艺术性的广告并不能最好的促进销售，实践证明，这些直截了当功能型诉求的广告反而更以深入人心。

金，今后将把它们投向两个领域：一是食品、保健品、药品，二是做所有的儿童产品。”

勤奋的企业家

有人用了一个通俗形象的比喻来形容宗庆后：开国领袖式的谋略+愚公移山式的坚持。这个比喻中排在最后的“愚公移山式的坚持”却恰恰是宗庆后成功的最大原因。正所谓天道酬勤，宗庆后的梦想，就是靠着不断坚持坚持再坚持，一点一点的打拼出来的。

上山下乡15年，坚持理想，坚持挑灯夜读；从儿童营养液到果奶，AD钙奶、纯净水、非常可乐、营养快线、婴幼儿配方奶粉……年年坚持推陈出新，挑战业绩新高；每天超过16小时的工作时间，坚持自己走市场，看终端，每年出差200多天，每年亲笔撰写100多篇的销售通报，二十年如一日！

就在2012年大年初三，有媒体专门报道企业家如何过年，当说到宗庆后时，记者是这么写的“年三十陪员工吃年夜饭，百桌宴后再回家陪家人，娃哈哈集团董事长宗庆后迎接新年的方式一贯如此，只不过，年夜饭吃的桌数越来越多，家人能等到他回家吃团圆饭的时间越来越晚。大年初一，比平时多睡了半个小时的觉，宗庆后就起身去上班。2月份本来就短，又去掉春节7天，对于他来说，时间真是不够用。年初四，开了一场市场分析会，而年初八还有零售商终端推广会。也因此，这几天的中午，宗庆后照样在办公室吃着盒饭”。

23年来，宗庆后就是凭着这样的一股劲，将娃哈哈打造成了国内饮料行业的龙头企业。

节约的企业家

宗庆后说得最多的一句话就是：苦惯了。

衣服只要合身舒服就穿，从不在乎什么名牌，一般都只在百元上下；吃东西不挑三拣四，豆腐、咸菜是他的最爱，一天三餐几乎都在公司食堂解决；通报、指示一直都在废纸的背面书写；作为中国新首富，宗庆后每天的消费不会超过50元。

宗庆后语录

在宗庆后的眼里，商场就好比战场，不仅竞争激烈，更是残酷无情。商场的较量就像战场行军打仗，不仅需要正确的决策，还需要英勇骁战的队伍，团结一致，执行力强，否则只有惨遭“被杀”的失败。

与之相呼应，娃哈哈也是一个以“省钱”出名的企业，很难想象一个全国饮料业的龙头老大，其办公楼竟然在一个6层的小楼中，上面只有“娃哈哈”三个字显示着它的身份。

据娃哈哈的一些老员工说，这还是后来重修的，刚开始的时候“楼更破”，娃哈哈这么多年来，丝毫不铺张浪费，依然坚持着创业时期的艰苦朴素。

值得推崇的企业家

较之于某些企业家的成功，宗庆后式的致富，是平民草根的成功，更显得来之不易。

23年如一日的勤劳，试问，又有几个人能做到。

在如今这个人心浮躁，人人想着被大奖砸中然后一夜成为百万富翁的时代，这样的致富方式，对于许多有梦想的人来说，更值得学习、推崇，在他们创业过程中，在他们的事业发展遇到困难时，他们尤其应该好好研究一下宗庆后的成功，思考一下，自己在哪里做的还不够。

而对于那些仍然整天在想着投机致富而落陷阱的人，相信宗庆后的成功，也能给他们一些借鉴，让他们也冷静思考一下，脚踏实地靠双手去挣得财富，才是正道。

不冒进的做强

宗庆后爱看书，办公室放了6个大书架，看到好书，他就推荐给中

层学习。尤爱看毛泽东理论的宗庆后，并不讳言自己“霸权”。

他办公室里有一幅半面墙的山水画在他写字台后，娃哈哈的每一个决策都是他这样指点江山的。

“当初没有人看好娃哈哈一个‘儿童牌’去做饮料，反对声一片，但是现在我成功了。”久经质疑，宗庆后依然表现强势，但这种强势却并非冒进。

“作为一个公司，首先要做强，而不是要做大，你说500强，实际上是500大，很多企业还是亏损的，企业必须要盈利才能够循序发展，所以我们一直在坚持稳步求胜，等到做的比较成熟，像饮料，我们每年投资是几十亿，但是你要进入一个新的行业可能会比较谨慎点，稳步前进。”宗庆后坦言，多元化不是盲目扩张，而是寻求更多的利润增长点。

宗庆后说的“成熟”，有着特定的条件——“三年盈利、初具规模。”当这一切条件具备后，未来，娃哈哈会拿出零售的一部分上市，“上市是为了支持零售更进一步的发展，因为零售业的投入大，需要好的现金流，而上市是一个好的途径”。

另一个为外界所关注的是，在宗庆后成功整合国际资源，创立“洋代工”模式后，娃哈哈是否会沿着这一思路，迈向国际化？

宗庆后却向《英才》记者表示，娃哈哈并没有寄希望于通过国际化进一步扩大市场的打算。因为，中国经济近两年飞速发展，但还是受发达国家压制，这也是很多中国民营企业走出去国际化道路曲折的原因，国际化或许还要再过5到10年。

哇哈哈童装核心价值

品牌秉承“健康成就未来，快乐铸就希望”的核心！“哇哈哈”以孩童健康为核心，突出品牌的科学环保，让每个小朋友从出生的第一天开始，为他们提供最可靠的“第二层肌肤”。

第三节　独特的经营思想

他只考虑明天的事

固执的宗庆后坚信使自己成功的那一套经验和规则，而对于主流企业理论不屑一顾。曾有人问："娃哈哈制定了什么战略？"宗庆后说："娃哈哈没有战略，我不会去考虑八九年之后的事情，只考虑明天的事情。"

宗庆后每年三分之二的时间在市场一线跑。2002年8月，为新建分厂考察选址，宗庆后12天跑遍大半个中国。宗庆后至今不参加包括高尔夫在内的任何体育休闲活动。

在宗庆后看来，"没有效益的品牌便没有任何价值"。盈利是企业家的天职，所有的品牌打造及营销设计都是建立在"盈利是可见的"这一前提下的。因此，率先使用了"实证广告"，广告语没有文化品位和艺术性，但对受众有煽动性，能直接拉升销售业绩。

娃哈哈高层不断充实新鲜血液，但很少有海归空降或猛然改革机构，也没有实行品牌经理制度。

独特的营销网络

创立独特的联销体销售模式，将3000多个一级经销商、3万到4万个二级经销商和娃哈哈绑定在一起。这一极度的"封闭式销售"架构（即经销商之间划区而治，互不串货，违反者会遭严厉处罚，乃至取消经销商资格），使得其经销网络保持了非常稳定的价格体系。再加

娃哈哈名字的由来

在成立之初，宗庆后为给自己公司生产的这种营养口服液起名煞费了一些功夫，甚至曾通过新闻媒体在社会上征集名字。有人还拿出市场学、心理学、传播学、社会学、语言学等等学科来论证这些名字，到最后被定为了“娃哈哈”，原因有三：一是好读好记，小孩子容易接受。二是它能形象的表现小孩子得到娃哈哈后的开心喜悦之情，很乐观积极。三是有一首广为流传儿歌叫《娃哈哈》，方便品牌传播。

上宗庆后在成本和分销体系上的严格控制，保证经销商都有钱赚，因此维系了忠诚的经销商队伍。

每年数十亿元的饮料促销与配送都由一个市场中心来完成，这也是一种高效集中的市场管理动作模式。万一环节脱钩，很可能会导致崩盘。

对待经销商的管理也比较严格，一是始终采取保证金制度，坚持先款后货的原则；二是要求经销商专心一意做娃哈哈，不得做别的同类品牌；三是对窜货砸价等违规者的处罚决不手软。

多元化才能保持龙头地位

2003年底，宗庆后说。“要保持娃哈哈的龙头地位，必须现在就认真去做一些多元化的事情。”

早在2002年5月，娃哈哈迈出了多元化的第一步：童装。原预计年销售额很快能达10亿，并能借势进入休闲装、男装和女装领域，但到2003年，童装公司产值仅1.73亿，利润2000万。

宗庆后眼中，娃哈哈真正的多元化项目，是日化。这是大众消费品领域利润最为丰厚的一块蛋糕。娃哈哈计划推出“洗发露、沐浴液和护肤霜等”产品。

宗庆后对日化的关注，已有两三年。他说，日化领域尽管竞争激烈，但“国外的大牌公司可能也达到顶峰了”，“该是国内的企业进行反攻的时候了”。

在宗庆后眼中，一个即将成熟的市场，比一个亟待培育的市场更有进入的价值；而最好的跟进方式，是改变过去的游戏规则。

开明集权

宗庆后常常说，给他影响最大的就是毛泽东。宗庆后认为:“你去看看中国现在成功的大企业，都是一个强势的领导,都是大权独揽,而且是专制的。我认为在中国现阶段要搞好企业，你必须专制而且开明。”娃哈哈集团直到现在也不设副总经理,生产、销售等各个领域的管理则是通过各个部长担任。业内也盛传“买一把扫把都要宗庆后签字”。

宗庆后的办公桌上没有电脑。至今,他仍喜欢用“朱批”的文件来下达命令,有时亲自撰写每月的销售通报,并在考察市场时直接用电话指示下属迅速行动。有人见到其下属经理的一份报告,其开头第一句话是:“根据您的指示……”。

创业精神不能丢,娃哈哈25岁再起跑

2012年6月“功成名就”的娃哈哈掌门人宗庆后,又一次满怀激情地开始了新的创业。零售业,是他下一个突破口。

娃哈哈才走了25年,一个25岁的青年,正是朝气蓬勃向前冲的时候。以前“年纪小”,企业没有足够的能力,要小步走;发展到一定规模了,动力强了,就要跑起来。不能守着以前的那些荣誉过日子。

宗庆后说:“经过多年积累，我们去尝试一个新业态的资金保障完全没问题,而作为一个年轻的企业来说,适当时机做多元化的尝试,也是必要的。”

他还说:“40多岁还是年轻人,我60多岁只算是中年人,精力还行。大家说我总是跑外面,没错。2012我在外面跑得更多。我们经历过很多次的挑战,这我不担心。但企业发展要学会控制风险。”

政企携手奔“两富”

> **哇哈哈“家文化”(一)**
>
> 1、娃哈哈宗旨：娃哈哈健康你我他，欢乐千万家。
>
> 2、娃哈哈精神：励精图治、艰苦奋斗、勇于开拓、自强不息。
>
> 3、娃哈哈经营哲学：凝聚小家、发展大家、报效国家。
>
> 4、娃哈哈座右铭：先将诚信施于人才能取信于人。
>
> 5、娃哈哈工作要求：认真、严格、主动、高效。

宗庆后说：“作为企业家，我担负着社会责任。这份责任，有对员工的，有对消费者的，还有产品供应链上各个环节上的人，让我停不下来。25年来，娃哈哈带动直接和间接的就业已有上百万人。为了这份责任，娃哈哈的发展更不能慢下来，我和管理团队要一起努力。我认为，任何一个企业，做到一定规模，财富已为社会所有。企业家这时候担负的责任也更为重要。企业家这时更不能松懈，要以创业时的激情，继续发展实体经济，为社会创造更多的财富。”

在不同的人身上，“精神富有”表现出的形式不完全一致。当下，企业家的心态要好，不能遭遇一点挫败就萎靡不振，创业精神尤其不能丢。要用这种精神鼓舞员工士气，群心群力发展企业。当然，还要先富帮后富，使大家走上共同富裕的道路，这样整个社会就和谐了。

第六章　低调的富豪——丁磊

人物名片

丁磊于1997年6月创立网易公司，凭借敏锐的市场洞察力和扎扎实实的工作，网易公司为推动中国互联网的发展作出了重要贡献，同时丁磊也将网易从一个十几个人的私企发展到今天拥有超过3 000多名员工在美国上市的知名互联网技术企业。与王志东、张朝阳并称为“网络三剑客”。

第一节　走近人物

1971年10月1日生于宁波奉化

1989年毕业于浙江省奉化中学

1993年毕业于电子科技大学（原成都电讯工程学院）

1993-1995年在浙江省宁波市电信局工作

1995年-1996年就职于Sybase广州公司

1996年-1997年就职于广州飞捷公司

1997年6月创办网易公司

丁磊是网易公司首席架构设计师，他于1997年6月创立网易公司。网易成立后的最初两年，丁磊把资金和精力主要放在开发互联网应用软件上，1997年11月推出了中国第一个双语电子邮件系统。网易从一个十几个人的私企发展到今天拥有近3000员

工，在美国上市的知名互联网技术企业。

2000年3月，丁磊辞去首席执行官出任网易公司联合首席技术执行官，2001年3月，担任首席架构设计师，专注于公司远景战略的设计与规划。在创立网易公司之前，丁磊曾是中国电信的一名技术工程师，后担任一家美国数据库软件公司——美国赛贝斯（中国）公司(Sybase)的技术支持工程师。网易公布的第二季度业绩猛涨，最高蹿至52.21美元。以每股50美元计算，网易市值已达15.7亿美元，创始人丁磊持有58%的股份，账面价值约合人民币75亿元。

2000年3月辞去网易首席执行官职位，出任联合首席技术执行官。

2003年成为中国首富。

2008年第四届中国传媒创新年会上，揭晓了年度传媒领军人物、创新人物、十大创新媒体等评选结果，并举行了颁奖仪式，丁磊入围“十大传媒创新人物”。

2010年福布斯富豪榜以146亿排名第30位。

第二节　草根丁磊生平经历

学生时代

丁磊出生在一个高级知识分子家庭，他四五岁的时候，也很淘气，但不是像别的孩子一样整天在外面调皮捣蛋，而是喜欢呆在家里摆弄他的小玩意：一些电子管件、半导体之类的东西——丁磊的父亲是宁波一个科研机构的工程师，后来丁磊迷上无线电，很大程度上是受了父亲的影响。初一的时候，他组装了自己的第一台六管收音机，在当时，那是一种最复杂的收音机，能接受中波、短波和调频广播，这项发明，在当地一时传为佳话，都说丁家出了个“神童”，长大以后一定是当科学家的料子。

大学生活

1989年进入电子科技大学的丁磊，对成都的潮湿天气十分不适应，但这丝毫没有影响到他乐观的性格。丁磊大学时代的辅导员张陈兴老师讲，丁磊总是一幅笑嘻嘻的面孔，他还是班里的团支部书记，乐于助人。如果说丁磊能有后来的成就，应该归功于他经常到图书馆翻阅外文科技尤其是计算机书籍，“他比别人早一步得到最新的世界科技动态，有关互联网的信息也是从那里得来的。”

丁磊不愿谈及其个人生活。但成名之后，他在公开场合曾表示，他不反对大学生谈恋爱，只是不要荒废学业。他使用荒废而不是影响，可见他对谈恋爱所消耗的时间和精力是有足够认识的。

然而，在大学真正占用其大量时间的还是当时方兴未艾的计算机技术和知识。他的大学导师冯林老师说：“让我印象最深刻的是，1992年冬天，丁磊大四上学期，我搞了一个电磁场CI软件的成果展示。丁磊和其他几个同学下来主动找到我说，他们对此十分感兴趣，如果交给他们做，一定能把这个软件做得更好。那自信的模样让我感动。”在课题组工作的日子，丁磊已经展示出了较强的能力，尤其是在计算机编程方面。“在当时能用计算机编程和做一些界面的设计，已经是很不错的事情。”丁磊对计算机编程的兴趣从这里展开，他的性格也在大学时代逐渐显现出来。冯老师还说，“丁磊给我的感觉就是他不是个被人安排的人。”这样的性格被他大学时代的室友伍浩进一步演绎，他又说：“他的成绩

只是中上，他不张扬，但他的闯劲给人印象深刻，他的爱好就是编程。”

1993年，在成都潮湿天气中已经习惯吃辣的22岁的丁磊，带着他对计算机编程的特殊爱好和特有的不服输的脾气，从被他称为中国最好的电子工业的高等学府走向社会。丁磊说他当初选择电子科技大学的一个重要原因是小时候就有做电子工程师的梦想，另外就是学校招生简章上说该校拥有数万册电子专业类藏书。如今怀揣着电子科技大学毕业文凭的丁磊被分配回自己的家乡宁波，进入令人艳羡的宁波市电信局工作。

初入社会

丁磊在电子科技大学读书时，成绩一直是班上的中等偏上，他学习的是通讯，但是爱好计算机平时都看计算机书，只有在考试前两周才学习通讯专业。1993年召开的“十四大”让丁磊觉得没有必要再在学校里上课耽误时间了。

大学最后一学期，丁磊开始在计算机公司兼职任工程师，虽然是兼职，却是那家公司最主要的工程师。在那里丁磊这个学通信的学生第一次接触了Modem、WindowsNT等新设备。

毕业后丁磊回了老家宁波，从1993年到1995年在宁波电信局做工程师。两年中丁磊最大的收获是学会了Unix和电信业务。“我几乎天天晚上12点才离开单位，因为单位有Unix电脑。网易后来的成功和我很早就掌握了Unix精华分不开。”1993年，丁磊无意间在一本杂志上得知北京开了一个名叫“火腿”的BBS站。当时站上的内容很少，不过丁磊立刻意识到，BBS是以后发展的方向。第一次登陆BBS的丁磊当晚就在中国惠多网创始人之一孟超的帮助下在宁

丁磊名言

做梦都没想到我有朝一日会掌握一家赢利超过2亿5千万人民币的公司，我也是一路跌跌撞撞，边打边学的走过来的。我最后要送给同学们两句话，是句英语的：stay hungry 保持饥饿的状态，stay fulish 保持充实，保持求知状态，因为只有这样，你在人生的路上才能不停地进步。

波搭建成了自己的BBS站。1994年，丁磊第一次登录Internet，那是从中科院高能所同学那里要的一个账号。兴奋不已的丁磊浏览的第一个站点是Yahoo！，Yahoo！让丁磊"感觉很不错"。接着丁磊去创新公司下载了不少多媒体驱动程序。1995年6月，丁磊成为北京电信前100个用户之一。

三次跳槽后自立门户

在Internet上"见了世面"的丁磊向自己的总工建议在本局开展信息服务业务，等了一段时间，发现没有什么进展，便决定离开。1995年5月，丁磊来到广州，加盟刚刚成立的广州Sybase。在Sybase一年，丁磊感觉自己除了整天安装调试数据库外，几乎没有什么进步，于是又选择了离开。1996年5月，丁磊当上了广州一家ISP的总经理技术助理。在这家ISP，他架设了Chinanet上第一个"火鸟"BBS，结识了很多网友。好景难长，丁磊所在的ISP由于面临激烈竞争和昂贵的电信收费几乎无法生存下去。1997年5月，他只得再一次选择了离开。

已经三次跳槽的丁磊在1997年的那个5月对自己的前途整整思考了5天，最后的决定是自立门户，干一番事业。"我根本不知道自己的公司未来该靠什么赚钱，只天真地以为只要写一些软件，做一些系统集成就可以了。这种想法后来几乎使公司无法生存。"网易创业的50万元资金一部分是丁磊几年来一行一行写程序积攒下来的，另一部分是向朋友借的。

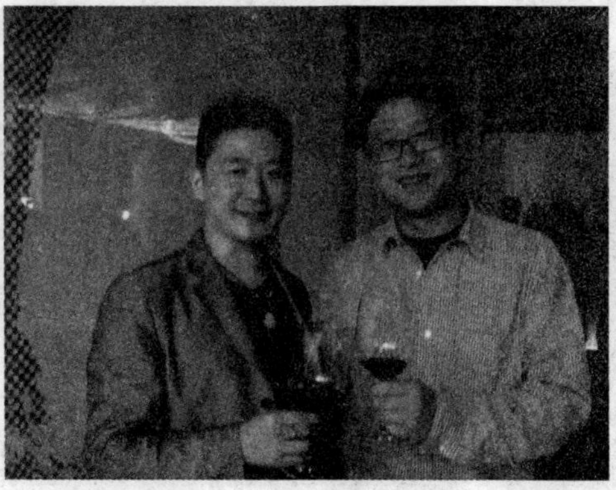

与丁磊同年分配进电信局的有16个人，几乎都来自名牌高校，很多人对电信局旱涝保收的工作很满意，认为房子、工资都不错。但丁磊无法接受这样的工作模式和评价人的标准，他在大学里已经体现出了不服人管的脾气再次

显现出来。1995年从电信局辞职。“这是我第一次开除自己。但有没有勇气迈出这一步，将是人生成败的一个分水岭。”“我选择了广州，因为当时广州是中国经济最发达的地区”，虽然举目无亲，丁磊还是决定去闯。

当时，外企灵活而且奖罚分明的制度，同时又没有官僚习气，对于年轻人来说，这些无疑都是极具吸引力的。这样丁磊就去了一家有名的软件外企。但外企工作同样沉闷，每天重复同样的工作对丁磊的创造性是一种压制。1996年，丁磊与他人合作经营一家只有20几名员工的小公司，这家公司的ISP业务受到电信部门的挤压，“而且双方在很多理念上也无法达成一致，我感到很灰心”，丁磊一年后迅速退出。

第三节　丁磊的创业史没有当老板的概念

创业开始

1997年5月，丁磊创办网易公司，他占有50%以上的股份，成为真正的老板。据说，所有的创业基金都是丁磊当年写软件时积攒下来的，而到底是多少钱目前尚无披露。“当时并没有老板的概念，只是希望按照自己的意图做事。”丁磊回顾说。

丁磊当时只有26岁，没有成熟的管理经验，“当时认为只需管好2、3个人就行了，哪知企业管理需要如此多的时间、经验和知识”；资金也是问题，好在当时经营互联网的公司很少，他大胆设想用163这样的一个数字来注册一个域名，因为这样做不仅易记，而且不会像英文字母那样容易混淆、难念，把拨号上网的号码和公司名称都结合在了一起。丁磊现在说起来还颇为自得：“很多时候就是这样，最简单的地方

却是许多人所想不到的。”

后来网易两年的发展的确了得，创造了很多个中国互联网的第一，丁磊自豪地说，“这与决策者的眼光有关”。网易将总部移居北京，成为公司发展的一个新起点。这个新的起点也为日后登陆纳斯达克奠定了更坚实的基础。

声名鹊起

经营互联网业务最好能有一台互联网服务器放在电信局里，怎样能不花钱就把自己的服务器架到电信局机房里去？丁磊为此费尽了心机。最后，丁磊向广州电信局呈上了一份“丰富Chinanet服务，吸引上网时间”的方案，方案指出：现在Chinanet上的服务很少，因此无法吸引用户上网用户即便上了网，没有好的服务，也呆不住。而网易提供的BBS（电子布告栏系统）服务能够吸引大批用户上网，并且能让网民一泡就是几个小时。

广州电信局领导听了这个方案觉得有理——反正电信局又不用出资，而且这个服务也不会和电信局产生竞争，于是就给了网易一个IP地址，让他们把服务器放到了电信局。这种做法后来被称为服务器托管业务，一个月公司要交电信局很多钱，而网易只是到后来才交给了广州电信局一些钱。到现在丁磊都自豪自己当初的那个方案写得非常好，“几乎可以打动任何一个电信局”。

1997年5月4日，网易公司还没有正式成立，网易BBS就正式开机运行了。由于丁磊是Chinanet（中国公用计算机互联网）上第一个安装“火鸟”BBS的人，又经常泡BBS，他个人的影响，加上无为而治以及宽容，网易BBS上的人数三个月就超过了资深的“一网情深”。

网易架在广州电信局的服务器是丁磊花2

万元自己动手装的一台奔腾PRO(自制系统),硬盘18G。这样大的硬盘仅用来放网易用来宣传公司的一个主页和BBS未免太浪费了，于是丁磊便决定免费向网友提供每人20兆的个人主页空间,为此,丁磊还专门写了一个包括计数器、留言本功能在内的个人主页服务系统。但就是没有什么人来网易申请个人空间。那个时候会做主页的人很少,网易的影响不够大也妨碍了网友把主页放在网易的信心。于是,丁磊便开始在网上四处寻找个人主页,发现不错的个人主页,就写mail(邮件)告知网易可以提供资源更丰富的个人主页空间。

其后,网易还在北京在线、瀛海威等5个当时国内主力站点上连续做了3个月广告,花了好几万元,终于使申请个人主页的人人潮汹涌起来。公司还没赚到钱,为什么还要把钱花在不赚钱的个人主页上?丁磊的回答质朴得有些不合逻辑:“如果我当初就考虑到做站点如何赚钱，可能就把路走错了。我受Linux(一种自由和开放源码的操作系统)影响很深,觉得服务就应该是免费的,根本没想到网站今后会有收益,我只是想硬盘闲着也是闲着,不如拿出来给大家用,我的目的大约就是想让网易变得出名一些吧,但没想到后来会这么出名。”这也是网易之所以成功的一个很重要的原因。

瞄准Hotmail

BBS、个人主页很热闹,可办公司图的是赚钱。比照雅虎(Yahoo)！开发的中文搜索引擎,Yeah引擎没有成功,下一步做什么?丁磊他们不得不仔细考虑这个问题。整天冥思苦想的丁磊在发现Hotmail的时候，眼睛豁地亮了起来。网易准备借10万美元买一套Hotmail系统,在中国建免费邮箱站点。Hotmail先说不卖,后来答复280万美元

> **中文邮箱第一品牌**
>
> 早在网易公司成立之初,163在中国已经有了指向Internet的含义，上网的人每天都要拨163,163免费邮坚持超大、速度、安全三大特点。时至今日,163作为网易邮箱的象征，以其高达9000万的优质用户总数成为当之无愧的“中文邮箱第一品牌”,163品牌价值的增长何止千万倍!

一套,另外加收每小时2000美元的安装费。丁磊找来自己的伙伴陈磊华研究Hotmail的结构,两个人最后决定自己做。

一个月下来,他们俩的知识大增。几个伙伴经常为一个技术上的突破兴奋得手舞足蹈。一边开发免费电子邮箱,一边想域名。丁磊认定免费电子邮箱要想成功一定得有一个朗朗上口的域名才行。怎样的域名才好记?丁磊几乎天天都在想这个问题。凌晨2点,丁磊突然想到可以用数字表示域名,中国数字的发音特别干脆,而且163、169在中国已经具有了指向Chinanet和电信局以及互联网的含义,上网的人每天都要拨163,对它熟悉得不能再熟悉了。263、国中网、990、371、浙江金华188纷纷购买网易免费邮箱系统,免费邮箱一个产品就为网易挣了几百万元。有人质疑"中国人开发的软件哪能一套几十万元那么贵的",丁磊反驳:"网易做的这个系统不比美国人做得差。""大家都知道网易免费邮箱系统卖得很贵,但目前在中国还没有看到竞争性的产品。"尽管免费邮箱为网易挣了不少钱,但丁磊还是认为如果不卖,自己独家做免费邮箱站点会更成功。

网易成为四大门户之一

网易想做中国的Hotmail是有心栽花,最后成为门户网站却是无心插柳。1998年6月之前,丁磊根本没重视过"网络门户"这个概念。一天,一个国外大网络门户站点的老板告诉丁磊,他们一个月的广告收入高达25万美元。这句话让丁磊猛醒,他意识到网上广告将可会成为网站最有前途的收入,回来后,网易就将首页向"门户"变了个脸,心想事成,网易改版后不到一个月,访问量激增。

1998年7月,CNNIC(中国互联网信息中心)投票评选十佳中文网站,网易喜获第一。听到这个消息,丁磊简直不敢信这是真的。"因为我们一直把自己看成是搞技术的,是靠开发软件维持公司运行的公司,不是做内容的站点。"1999年1月,网易再获CNNIC十佳中文网站第一。

> **丁磊名言**
>
> 企业竞争不是比谁做得早，而是说比谁能够跑得更加长远。有时候不是我们太强势，而是对手常犯错。
>
> 动作可以慢，但战略一定要正确，看准了再跟上去，这样风险比较小，这样别人犯过的错误就不会再犯。

网易今天成为第一门户，很重要的原因是它往昔免费的回报。网易2万多个个人主页的用户首先都是网易最铁杆的支持者。当网上新兵向这些网上老手询问"哪个站点最好"时，这些人会毫不犹豫地对他们讲："上网易看一看吧。我在那里还做了一个个人主页呢！"网易的免费不仅对个人，它还免费为加入网易排行榜的15万个站点做流量统计和技术分析。一个站点如果能给其他众多站点提供统计分析服务，那么，这个站点的地位可想而知。

个人主页和排行榜后，网易主推的是虚拟社区。网易虚拟社区在12天内注册了4.5万人，现在北京和上海的虚拟社区相继开张。时下被普遍认同的互联网理论是：现实社会中有的，互联网上同样会有。网易这一步棋可能又走对了。丁磊说，网易虚拟社区系统这次决不会像免费邮箱那样卖掉，网易要独家做。网易每天10万人的访问量让它在1998年短短4个月时间内，广告销售额就达到了10多万美元。1999年，网易广告打算做到70万美元。

丁磊1997年5月创办的网易两年间就成了中国最著名的门户网站之一。更为难能可贵的是在全世界都认为互联网目前尚处在投入期的今天，网易1998年的利润达到了400多万元。2000年6月，网易股票在纳斯达克挂牌，这时候科技股已经开始崩盘，所以网易的股价从第一天开始就节节下滑。2001年，网易将被收购的传言层出不穷，最有可能的一个买家香港有线宽频终因网易财务问题放弃收购。网易没卖成，反倒让丁磊决定静下心来本分地经营网易。

2001年9月，丁磊对外界说，他希望靠在线游戏《梦幻西游》和短信服务、股票点播以及一个类似MSN Explorer（集成软件）的新产品来赢利。这正是网易因财务问题被纳斯达克股票市场公司摘牌，股价定格在64美分，最狼狈不堪的时候。不过,后来网易在短信和网络游戏上的成功,似乎不完全是一种运气。2002年第二季度,网易首次实现净盈利，网易股票开始领涨纳斯达克。2002年,网易成为纳斯达克表现最优异的股票。2003年,网易股票继续在中国概念股中保持领跑地位。2003年10月10日,网易股价升至70.27美元的历史高点,比年初股价攀升了617%,比2001年9月1日的历史低点攀升了108倍。

丁磊名言

"人生是个积累的过程，你总会有摔倒,即使跌倒了,你也要懂得抓一把沙子在手里。""人的一生总会面临很多机遇,但机遇是有代价的。有没有勇气迈出第一步,往往是人生的分水岭。"

丁磊成为第一个靠做互联网做成富豪的国内创业者,丁磊成为首富,第一次让中国富豪的财富数字可以被清晰而准确地度量。

一个人想要实现自己的目标,除勤奋外,就是要积极进取和创新。从创业到现在,丁磊每天都在关心新的技术,密切跟踪互联网新的发展,每天工作16个小时以上,其中有10个小时是在网上,他的邮箱有数十个,每天都要收到上百封电子邮件。他认为,虽然每个人的天赋有差别,但作为一个年轻人首先要有理想和目标。尤其是年轻人，无论工作单位怎么变动,重要的是要怀抱理想,而且决不放弃努力。

公司上市

并非靠风险投资起家的网易最后还是将目光瞄准了风光无限的纳斯达克市场。在网易上市前中国概念的中华网和新浪网初登美国股市时正值纳斯达克狂炒网络之时,而2000年6月,当网易登陆纳斯达克时,网络股已经开始走下坡路。"当时主要想通过公司上市,把企业进一步做大做强。"

美国东部时间2000年6月30日上午11时,网易在纳斯达克股票交易所正式挂牌交易。截至当日收盘时,网易股价跌至15.12美元,跌破了15.50美元的发行价。网易此次共

发行了450万份存托凭证，每份存托凭证合普通股100股。上市前，由于认购需求小于预期，该公司将发行数量由750万份削减至当前规模。美林证券公司和德意志银行是网易的主承销商。跌破发行价对于网站的经营者意味着很大的压力。因为一般的投机者都是在上市后才会介入，而以发行价买进的都是战略投资者，跌破发行价意味着这些机构的账面损失，以后他们肯定会更密切地关注公司的经营状况，从而给经营者带来较大的压力。这种压力在网络经济开始大幅回落的情况下变得日益沉重。

网易在纳斯达克的局面日益糟糕，最后是一步步走向深渊。2002年7月，网易宣布因未能呈报年度报表而收到纳斯达克计划予以停牌的通知，同时网易在纳斯达克交易的股票代码也由NTES改称NTESE。2001年初的丁磊最迫切的愿望就是想把网易卖掉，但没人敢买。到了9月，想卖也卖不掉了，网易因涉嫌财务欺诈，停牌长达4个月。面对如此危急的局面，年轻的丁磊表现出与其年龄并不十分相称的干练。丁磊表示，网易已向美国证券交易委员会和纳斯达克以20—F表格呈报年度报告。网易公司同时确认：对纳斯达克以前宣布的由于公司未能在规定日期之前呈报年度报告而对网易公司股票进行停牌的决定，将审慎地进行抗辩。

丁磊的自信和努力终于得到回报，网易在停牌将近4个月后宣布，对于纳斯达克证券市场对网易的美国存托股在纳斯达克国家市场上停牌的决定，网易已经上诉成功。网易公司股票已于美国当地时间2003年1月2日上午恢复在纳斯达克股票交易市场的交易。网易股票在恢复交易后立即上升46.33%，并以每股0.95美元的价格收盘。丁磊下定决心将网易的三大业务重点锁定为在线广告、无线互联和在线娱乐。

由此可见，网络游戏在丁磊的战略规划中占据着极其重要的地位。自从2001年底推出《大话西游》以来，网易已经从网络游戏领域的“小人物”变成该领域的巨头之一。事实证明，尽管网络游戏市场竞争激烈，网易的投入还是获得了很好的回报。

第四节　与众不同的丁磊

180度转弯的创新——投资养猪

2011年度CGBC高峰论坛在上海举行时，游戏界各大领军人物均参加了此次盛会，网易公司首席执行官丁磊第一个上台做高峰分享。丁磊上台后便开始大打感情牌，他的演讲主题是：“学好历史这一课，游戏行业新十年的开始”。除了回顾网易的主打历史游戏之外还讲到关于游戏创新的问题——创新是为了什么？如何评价创新的价值和意义，什么样的创新是方向？唯一的答案就是消费者。

很多媒体或同行好友见到网易公司CEO丁磊，都会问一句话：“什么时候能吃到你养的猪啊？”每到这时，丁磊往往回答一句：“心急吃不到好猪肉。”在被追问了近两年后，2011年3月23日网易终于正式宣布，养猪场落户浙江省湖州市安吉县经济开发区，占地1 200亩。在自己的领域里，丁磊或许是大拿。他是网易CEO、互联网大佬之一。不过，在农业领域，他却是生手。网易为此专门成立了农业事业部，该部门总经理为丁磊的校友毛山。丁磊表示，网易会免费将养猪模式、过程放在网上。网易呈现的是一套安全的、科学的、有资本投入的生产模式，这个模式是公开的、可以复

关注医学和现代农业

丁磊虽然年纪很轻，但是他很早就认识到，互联网只不过是载体，“君子务本，本立而道生”，人类社会之本是对自身的探索和实体经济的发展，因此最近一段时间，丁磊把目光转向了中医（中华原创医学）和现代农业，并有一些实质性的动作。

制的，在中国绝对有推广的可能性。

在2009年，丁磊就宣布了网易要养猪的计划。2011年的3月，丁磊才正式宣布了下一步：把养猪场放在了浙江安吉县，占地1 200亩，初期计划规模是1万头。消息一出，丁磊又成了舆论焦点。外界纷纷质疑1万头猪与1 200亩地之间的强烈反差，很可能意味着养猪可能只是个幌子，网易真正的目标应该是房地产。突如其来的舆论压力，丁磊显然预料不足。在抛出一句“他们根本不懂养猪”之后，丁磊和网易选择了沉默。

从2009年到2011年，丁磊和他那支由农业大学教授、畜牧研究所高级工程师和养猪行业资深人士组成的精英养猪团队，一直在努力地学“懂”养猪。在对国内外养猪场进行了一番实地考察后，丁磊及其团队摸索出一个高科技养猪新模式，其核心追求是安全、健康、美味。这高科技的猪该怎么养?从网易的养猪场中可窥一斑。

养猪场位于安吉县皈山乡洛四房村，比起当地秀丽的风光，堪称豪华的猪舍更引人注目。每间猪舍都是全封闭的，安装有中央空调。通风管道从地下经过，利用地底恒温的特点，夏天降温，冬季保暖。外墙全都是保温材料，屋顶铺着太阳能板，用来发电和照明。在这里，每头猪平均有两平方米的“猪均面积”。

按照规划，为了让猪的大小便不留在猪舍里，丁磊和他的同事们还要训练猪上厕所。猪厕所，类似人每天用的抽水马桶。厕所在猪舍里一个固定位置，装了气体传感器，氨气、硫化氢、一氧化碳或甲烷浓度一达到设定标准，水龙头就自动打开，把粪便冲走。工作人员还会将猪的大小便进行封闭处理,可循环利用,形成很好的有机肥料。

丁磊的财富观念

网易成功了,2002年是中国短信“爆炸”的一年,而在遍布中国的网吧里,年轻人正尖叫着大把花钱。2002年8月后,这家公司变成暴利企业。随后是网易股价连续暴涨,当年逃离网易的老员工现在动辄唉声叹气。“我对财富多少已经比较淡薄,对富豪榜排第几更是麻木。”丁磊对于财富的说法很飘忽。

从另外一个角度说,现金为王的观念也许开始占据首富年轻的大脑,而另一方面热衷网络股炒作的人们是否应该有更清醒的头脑。他的淡泊同样让他在纳斯达克之行时尽管充满惊涛骇浪,但并无多少经验的丁磊都能从容应对。他说:“一会有人说我发达了,一会又有人说我栽了;评上首富赞不绝口,近日网易跳水,也有人说财富缩水”,“我对这一切一般是不闻不问。我认为我们应该更多地考虑股东的利益、企业的发展、员工的进步。”

熟悉丁磊的人认为他不是一个张扬的人,他的这一性格在大学时代就已经表现出来,在后来的日子里继续保存下来。一个成熟的企业家具有这样的特质有的需要塑造,而丁磊则是性格使然。他甚至不是董事长,也不兼CEO,他就是占网易股份最多的董事,这样的富豪在中国的百富榜上可能是惟一的。丁磊的个人财富在与网易股价一起飙升,丁磊的纸面财富也跃上了50亿人民币的台阶。他的创富速度在中国史无前例,网易刚满6岁,而他自己也还不过32岁。

许多人都还记得,1999年初,当时的网易已经创立两年有余,正在向门户网站迈进,与新浪、搜狐相比还是一个刚刚崭露头角的小网站。那时丁磊奔走于京粤之间,为互联网、为网易摇

丁磊成功八大关键词

兴趣、思考、叛逆、眼光、拼命、坚强、果断、低调。丁磊曾对媒体表示,网络首富只是自己创业过程中的副产品。在他看来,只有亲身感受生活,才能触摸到普通人的快乐,才能使自己的创意更具生活的真实性。

> **国家形象人物**
> 2010年7月，国务院新闻办公室正式启动了《国家形象系列宣传片》的拍摄工作。丁磊作为参演人员入选2010年《中国国家形象宣传片》人物。

旗呐喊，俨然一个互联网旗手。那时，《互联网周刊》还收到了一篇题为《我和网易》的投稿，作者丁磊细心地附上了标准照和详细的个人档案，如今，想采访丁磊绝对成了一件不容易的事情。

时过境迁，丁磊已厌倦拿股价去计算财富，“我又不能一股脑儿把股票都卖掉，首富头衔毫无意义”。

一个有趣的故事就是：某电视台的几个记者去网易采访，想找一间靠窗有阳光的办公室架机位，网易的接待人员就推荐了丁磊的办公室。扛着机器的摄像师说，好呀，顺便可以参观一下中国互联网行业最豪华的办公室了。但故事的结局使摄像师大跌眼镜：那只不过是一个小小的三角形空间，和所有员工一样的桌椅，一些唱片，一台普通的桌面音响。如此而已。

从垃圾股到今日的中国概念“明星”，网易的转变让人觉得像个神话。对此，丁磊说：“我已经32岁了，从意气风发的时期到了成熟思考的阶段。因此我的心情不会随股价的涨跌而变化，特别是我个人不会因为财富的多少影响到我的未来生活、工作及思考问题的方式。”而对于有网站评选“金牌王老五”把他名列第三，他则一笑了之。

第七章　中国网商奇人——马云

马云传奇

没有魁梧的身材，没有英俊的外表，他甚至被《福布斯》杂志描述为“深凹的颧骨，扭曲的头发，淘气的露齿笑，5英尺高、100磅重的顽童模样”。而杂志封面上的这个“顽童”，就是中国企业家马云！他是中国内地第一个登上《福布斯》杂志的本土企业家。为了这一天的到来，中国等待了整整50年。

无论是在政界、商界还是在哈佛、牛津这样的世界名校，马云都是一位炙手可热的中国企业家。

第一节　走近人物

人物简介

马云一次出差，在飞机上看到一本国内很有名的媒体大篇幅地介绍一位非常成功的企业家，全篇文章对这位企业家创业的成就与非凡才华描述得淋漓尽致，让马云热血沸腾，对这位企业家的敬慕之情也油然而生，恨不得立即拜谒，可当他看到文章最后时，才突然发现，媒体上所描述的这位神乎其神的人居然是——马云。

中国企业家马云，浙江绍兴人，阿里巴巴集团主要创始人之一。现任阿里巴巴集团主席和首席执行官，他是《福布

> **马云名言**
>
> 短暂的激情是不值钱的，只有持久的激情才是赚钱的。
>
> 今天很残酷，明天更残酷，后天很美好，大多数人都死在明天的晚上，却看不到后天的太阳。

斯》杂志创办50多年来成为封面人物的首位大陆企业家，曾获选为未来全球领袖。座右铭：永不放弃。

毕业院校：杭州师范学院外国语系，获文学学士学位。阿里巴巴集团董事局主席、软银集团董事、中国雅虎董事局主席、亚太经济合作组织（APEC）工商咨询委员会（ABAC）会员、杭州师范大学阿里巴巴商学院院长、华谊兄弟传媒集团董事、TNC（大自然保护协会）全球董事会董事。

个人履历

马云1988年毕业于杭州师范学院英语专业，之后任教于杭州电子工业学院。1995年，在出访美国时首次接触到因特网，回国后创办网站“中国黄页”。

1997年，加入中国外经贸部中国国际电子商务中心，负责开发其官方站点及中国产品网上交易市场。

1999年，正式辞去公职，创办阿里巴巴网站，开拓电子商务应用，尤其是B2B业务。

目前，阿里巴巴是全球最大的B2B网站之一。阿里巴巴网站的成功，使马云多次获邀到全球著名高等学府讲学，当中包括宾夕法尼亚大学的沃顿商学院、麻省理工、哈佛大学等。

2003年创办独立的第三方电子支付平台，目前在中国市场位居第一。

2005年和全球最大门户网站雅虎战略合作，兼并其在华所有资产，阿里巴巴因此成为中国最大互联网公司。

2006年至今成为央视二套《赢在中国》最有特色、最具影响力的评委，还用中国雅虎和阿里巴巴为《赢在中国》官方网站和千百万创业者提供平台。

2007年8月推出了以网络广告为赢收项目的营销平台“阿里妈妈”,阿里妈妈以支付的低端门槛吸引了大量的中小站长加入。

2008年阿里巴巴实行广告三包政策,再次掀起波浪。马云是最早在中国开拓电子商务应用并坚守互联网领域的企业家,他和他的团队创造了中国互联网商务众多第一:开办中国第一个互联网商业网站——“中国黄页”,提出并实践面向中小企业的B2B(Business To Business,企业对企业之间的营销关系)电子商务模式,为互联网商务应用播下最初的火种;他在中国网站全面推行“诚信通”计划,开创全球首个企业间网上信用商务平台;他发起并策划了著名的“西湖论剑”大会,并使之成为中国互联网最大的盛会。

马云率领他的阿里巴巴运营团队汇聚了来自全球220个国家和地区的1000多万注册网商,每天提供超过810万条商业信息,成为全球国际贸易领域最大、最活跃的网上市场和商人社区。

马云创立的阿里巴巴被国内外媒体、硅谷和国外风险投资家誉为与Yahoo(雅虎)、Amazon(亚马逊)、eBay(易趣网)、AOL(美国在线)比肩的五大互联网商务流派代表之一。它的成立推动了中国商业信用的建立,在激烈的国际竞争中为中小企业创造了无限机会,“让天下没有难做的生意”。

马云创办的个人拍卖网站淘宝网,成功走出了一条中国本土化的独特道路,从2005年第一季度开始成为亚洲最大的个人拍卖网站。

担任职务

阿里巴巴集团主要创始人之一

阿里巴巴集团主席和首席执行官

阿里巴巴公司主席和非执行董事

软银集团董事

中国雅虎董事局主席

亚太经济合作组织下工商咨询委员会会员

杭州师范大学阿里巴巴商学院院长

华谊兄弟传媒集团董事

北京华夏管理学院特聘教授

国内外媒体评价

马云是中国内地第一位登上美国权威财经杂志《福布斯》封面的企业家;2002年5月,成为日本最大财经杂志《日经》的封面人物;2000年10月,被“世界经济论坛”评为2001年全球100位“未来领袖”之一;美国亚洲商业协会评选他为2001年度“商业领袖”;2004年12月,荣获CCTV十大年度经济人物奖。

哈佛大学两次将他和阿里巴巴经营管理的实践收录为MBA案例。

在2002年1月发布的阿里巴巴第二份MBA管理案例，哈佛引用了马云对阿里巴巴的核心价值的阐述,“马云认为阿里巴巴的价值不在于每天的浏览量是多少，而在于能否给客户带来价值。”以此来表明对阿里巴巴迅速发展的认可。

《日经》杂志高度评价阿里巴巴在中日贸易领域里的贡献“阿里巴巴已达到收支平衡，成为整个互联网世界的骄傲。自中国加入WTO以来，日本市场逐渐升温，大量的日本企业将目光投向阿里巴巴，并对她寄予了浓厚的兴趣和希望。”

第二节　与马云一起感受创业

而立之年，创立海博翻译社

很多人不知道，马云其实是一个高明的武术家。马云从小就是一个傻孩子。小时候爱打架，打了无数次的架，“没有一次为自己，全是为了朋友”。“义气，最讲义气”。打得缝过13针，挨过处分。被迫转学杭州八中。由于家庭出身不好，家庭压力大，父亲脾气火爆。马云在父亲拳脚下长大，待不住家却特别爱交朋友。他说：“我大愚若智，其实很笨，脑子这么小，只能一个一个想问题，你连提三个问题，我就消化不了。”从小，马云功课就不好，数学考过1分。只有英语特别好，原因竟然是：“爸爸骂我，我就用英语还口，他听不懂，挺过瘾，就学上了，越学越带劲。”从13岁起，马云就骑着自行车带着老外满杭州跑。

从小到大，马云不仅没有上过一流的大学，而且连小学、中学都是三四流的。初中考

> 《笑傲江湖》
>
> 这是马云看得最多的金庸小说，在IT业界浪迹多年，马云对“笑傲江湖”四个字有着自己独特的理解：网络即江湖，如何笑傲其间？笑，有眼光，有胸怀，方能坦然面对种种传言和误解，依然豪气干云，仰天长笑；傲，有实力，有魄力，才可在人云亦云的时候保持清醒的头脑，才可在一片骂声中依然坚持自己的方向，傲视同侪。

高中考了两次。数学31分。高考数学第一次考了1分。高考失败，弱小的马云做起踩三轮车的工作。直到有一天在金华火车站捡到一本书，路遥的《人生》，这本书改变了这个傻孩子：“我要上大学。”1984年马云几番辛苦考入杭州师范学院（现杭州师范大学）外语系——是专科分数，离本科差5分，但本科没招满人，马云幸运地上了本科。到了大学，因为他的英语太好了，总是班上前五名，闲得没什么事可做，马云就当上了学生会主席，广交朋友。

大学毕业后，马云在杭州电子工业学院教英语。1991年，马云和朋友成立海博翻译社（HOPE）。结果第一个月收入是600元，房租是1500元。大家动摇的时候，马云一个人背着个大麻袋去义乌，卖小礼品，卖鲜花，卖书，卖衣服，卖手电筒。“喏，看见那个大陶狗吗？当年我就卖过它。”记者采访马云时，他兴奋的指着一个卖小玩意儿的人说道。

两年马云就干成了这件傻事，不仅养活了翻译社，组织了杭州第一个英语角，而且他是全院课程最多的老师。如今，海博是杭州最大的翻译社。“我当时认为一定会有需求，应该能成功。”初次下海给马云的感受是：“我一直的理念，就是真正想赚钱的人必须把钱看轻，如果你脑子里老是钱的话，一定不可能赚钱的。”

中国第一个网页诞生

1995年，“杭州英语最棒”的31岁的马云受浙江省交通厅委托到美国催讨一笔债务。结果是钱没要到一分，却发现了一个“宝库”——在西雅图，对计算机一窍不通的马云第一次上了互联网。刚刚学会上网，他竟然就想到了为他的翻译社做网上广告，上午10点他把广告发送上网，中午12点前他

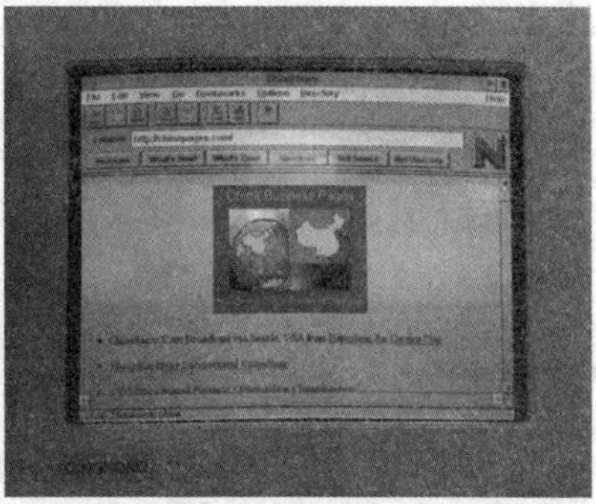

就收到了6个email,分别来自美国,德国和日本,说这是他们看到的有关中国的第一个网页。马云当时就意识到互联网是一座金矿。开始设想回国建立一个公司,专门做互联网。马云萌生了这样一个想法，把国内的企业资料收集起来放到网上向全世界发布，他立即决定和西雅图的朋友合作，一个全球首创的B2B电子商务模式，就这样开始有了创意,并起名中国黄页(chiinapage)。这是全球第一家网上中文商业信息站点,在国内最早形成面向企业服务的互联网商业模式。

回国当晚,马云约了24个做外贸的朋友也是他在夜校名义上的学生,给他们介绍,结果23人反对,只有一个人说可以试试。马云想了一个晚上,第二天早上还是决定干,哪怕24人都反对,他也要干。

“其实最大的决心并不是我对互联网有很大的信心,而是我觉得做一件事,经历就是成功,你去闯一闯,不行你还可以掉头,但是如果你不做,就像你晚上想想千条路,早上起来走原路,一样的道理”。马云提起当初,赞赏的是自己的勇气而不是眼光。

1995年4月,31岁的马云投入7 000元,又联合妹妹、妹夫、父母等亲戚凑了两万元,创建了“海博网络”,“海博网络”从此成为中国最早的互联网

> **三种生意人**
>
> 创造钱；商人：有所为，有所不为；企业家：为社会承担责任。企业家应该为社会创造环境。企业家必须要有创新的精神。

公司之一，产品就是“中国黄页”。1996年，32岁的马云艰难地推广自己的中国黄页，在很多没有互联网的城市，马云一律被称为“骗子”，但马云仍然像疯子一样不屈不挠，他天天都这样提醒自己：“互联网是影响人类未来生活30年的3 000米长跑，你必须跑得像兔子一样快，又要像乌龟一样耐跑。”然后出门跟人侃互联网，说服客户。业务就这样艰难地开展了起来。1996年营业额不可思议地做到了700万！也就是这一年，互联网渐渐普及了。

1996年3月，因为与杭州电信的实力悬殊的竞争，最后马云不得已和杭州电信合作，马云的中国黄页资产折成60万，占30%股份，杭州电信投入140万人民币，占70%股份。后因经营观念不同，马云和杭州电信分道扬镳，放弃了自己的中国黄页，并将自己拥有的21%的中国黄页股份，全数送给了一起创业的员工。

这年是1997年，这是马云创业生涯第一次的失败，这年马云33岁。

二次创业失败却打造了阿里巴巴帝国。

1997年，马云离开中国黄页后，受外经贸部邀请，加盟外经贸部新成立的公司，中国国际电子商务中心（EDI），由马云组建、管理，马云占30%股份，参与开发了外经贸部的官方站点以及后来的网上中国商品交易市场。在这个过程中，马云的btob思路渐渐成熟“用电子商务为中小企业服务”。连网站的域名他都想好了——阿里巴巴。互联网像一个无穷的宝藏，等待人们前去发掘，就像阿里巴巴用咒语打开的那个山洞。当马云回顾这段经历时，不禁感慨：“在这之前，我只是一个杭州的小商人。在外经贸部的工作经历，我知道了国家未来的发展方向，学会了从宏观上思考问题，我不再是井底之蛙。”

1999年，35岁的马云受够了在政府企业做事条条框框的束缚、磕绊与畏首畏尾，不甘心受制于人的马云推辞了新浪和雅虎的邀请决心南归杭州创业，团队成员全部放弃其他机会决心跟随。这年，是马云遭逢的人生的第二次创业失败。1999年1月15日，马云和他的团队悄然南归。

1999年2月，在杭州湖畔家园马云的家中召开第一次全体会议，18位创业成员或坐或站，神情肃穆地围绕着慷慨激昂的马云，马云快速而疯狂地发表激情洋溢的演讲："黑暗中一起摸索，一起喊，我喊叫着往前冲的时候，你们都不会慌了。你们拿着大刀，一直往前冲，十几个人往前冲，有什么好慌的？"在这次"起事"的会议上，马云和伙伴共筹了50万元本钱。并按照惯例进行了全程录像，马云坚信这将有极大的历史价值。在这次会议上马云说："我们要办的是一家电子商务公司，我们的目标有三个，第一，我们要建立一家生存102年的公司；第二，我们要建立一家为中国中小企业服务的电子商务公司；第三，我们要建立世界上最大的电子商务公司，要进入全球网站排名前十位。"从这天开始，马云开始铁下心来做电子商务。他根据长期以来在互联网商业服务领域的经验和体会，明确提出互联网产业界应重视和优先发展企业与企业间电子商务(B2B)，他的观点和阿里巴巴的发展模式很快引起国际互联网界的关注，被称为"互联网的第四模式"。

尽管只有50万创业资金，但马云首先花了1万美元从一个加拿大人手里购买了阿里巴巴的域名，并细心注册了alimama.com和alibaby.com。他们没有租写字楼，就在马云家里办公，最多的时候一个房间里坐了35个人。他们每天16–18个小时野兽一般在马云家里疯狂工作，日夜不停地设计网页，讨论网页和构思，困了就席地而卧。《亚洲华尔街日报》总编曾在当时去过阿里巴巴，"没日没夜地工作，地上有一个睡袋，谁累了就钻进去睡一会儿。"他笑称"阿里巴巴是中国电子商务的阿里妈妈"。

马云鼓动员工

"枪声一响，你可不能有时间去看对手是怎么跑的，你只有一路狂奔"，又告诫员工"最大的失败是放弃，最大的敌人是自己，最大的对手是时间"，阿拉巴巴就这样孕育、诞生在马云家中。

1999年3月阿里巴巴正式推出，直至逐渐为媒体、风险投资者关注，并在拒绝了38家不符合自己要求的投资商之后，于1999年8月接受了以高盛基金为主的500万美元投资、于2 000年第一季度接受了软银的2 000万美元的投入，从而由横空出世、锋芒初露，到气贯长虹、势不可挡。直至成为全球最大网上贸易市场、全球电子商务第一品牌，并逐步发展壮大为阿里巴巴集团，成就了阿里巴巴帝国。

马云以“东方的智慧，西方的运作，全球的大市场”的经营管理理念，迅速招揽国际人才，全力开拓国际市场，同时培育国内电子商务市场，为中国企业尤其是中小企业迎接“入世”挑战构建一个完善的电子商务平台。

阿里巴巴成就

马云率领他的阿里巴巴运营团队汇聚了来自全球220个国家和地区的1000多万注册网商，每天提供超过810万条商业信息，成为全球国际贸易领域最大、最活跃的网上市场和商人社区。

2000年10月，阿里巴巴公司继续为中国优秀的出口型生产企业提供在全球市场的“中国供应商”专业推广服务，此服务依托世界级的网上贸易社区，顺应国际采购商网上商务运作的趋势，推荐中国优秀的出口商品供应商，获取更多更有价值的国际订单。目前加盟企业近3 000家，超过70%的被推荐企业在网上实现成交，众多企业成为国际大采购商如沃尔

玛、家乐福、通用、克莱斯勒等的客户。2002年3月10日，阿里巴巴倡导诚信电子商务，与邓白氏、ACP、华夏、新华信等国际国内著名的企业资信调查机构合作推出电子商务信用服务，以“诚信通”服务来帮助企业建立网上诚信档案，通过

认证、评价、记录、检索、反馈等信用体系，提高网上交易的效率和成功的机会，安平县环航网业有限公司，新达海绵制品有限公司，是较早加入阿里巴巴“诚信通”民营企业，业绩有了显著提高。

截至2003年5月，阿里巴巴汇聚了来自220个国家和地区的200多万注册商人会员，每天向全球各地企业及商家提供150多万条商业供求信息，是全球国际贸易领域内最大、最活跃的网上市场和商人社区，是全球B2B电子商务的著名品牌。WTO首任总干事萨瑟兰出任阿里巴巴顾问，美国商务部、日本经济产业省、欧洲中小企业联合会等政府和民间机构均向本地企业推荐阿里巴巴。

2010年3月8日，阿里巴巴旗下1688批发大市场网站正式上线。未来阿里巴巴中国站将定位于网上采购批发大市场帮助工厂、品牌商、一级批发商引进大量的买家，包括十万级的淘宝网店掌柜、百万级的线下城市实体店主、千万级的现有批发市场买家，提供一系列交易工具，打造全球最大的批发大市场。

马云创立的阿里巴巴被国内外媒体、硅谷和国外风险投资家誉为与Yahoo、Amazon、eBay、AOL比肩的五大互联网商务流派代表之一。它的成立推动了中国商业信用的建立，在激烈的国际竞争中为中小企业创造了无限机会，“让天下没有难做的生意”。

阿里巴巴两次被美国权威财经杂志《福布斯》选为全球最佳B2B站点之一，多次被相关机构评为全球最受欢迎的B2B网站、中国商务类优秀网站、中国百家优秀网站、中国最佳贸易网。从阿里巴巴成立至今，全球十几种语言400多家著名新闻传媒对阿里巴巴的追踪报道从未间断，被传媒界誉为“真正的世界级品牌”。

阿里巴巴集团公司已经有11家旗下公司，分别是：阿里巴巴、淘宝、支付

阿里巴巴名字的由来

有一个优秀的品牌、优秀的名字让全世界的人都记得住，没有想在中国做一个网站，是想在全世界做一个网站，阿里巴巴这个名字，第一人家记得住，全世界的发音都一样。第二他是一个比较善良正直的青年，希望把财富给别人而不是自己抓。英文open sesami，给中小型企业网上芝麻开门。

宝、阿里软件、阿里妈妈、口碑网、阿里云、中国雅虎、一淘网、天猫网(原淘宝商城)、中国万网。

创办淘宝

马云创办的个人拍卖网站淘宝网，成功走出了一条中国本土化的独特道路,从2005年第一季度开始成为亚洲最大的个人拍卖网站。

2003年,淘宝网诞生。这一年在中国历史上注定是不平凡的一年。非典带来的阴影持续不散,对于很多企业来说,这是最为艰难的时刻。但令人惊喜的是:中国这个庞大的经济实体,已经具有了强大的抗击打能力。

国家统计局的数据说,经过了三个月左右的蛰伏期后,中国的投资和消费两个驱动轴心均有良好的复苏——体现在实体经济上，也就是后来被人称为“宏观经济增速不减,而被压缩的消费欲望持续上升”——对于依赖国内消费和出口贸易双向拉动的中小企业而言，中国经济经过20年的积淀开始缓慢发力。后来的很多宏观经济数据证实,这一年非但没有成为中国经济面临严重压力的一年,相反,这是中国新一轮经济腾飞的沸腾岁月。

2004年，淘宝网在竞争对手的封锁下获得突破性增长。谁也没有料到，作为新生事物的淘宝网出奇制胜——没和ebay易趣争抢既有的存量市场,而是收割疯狂生长的增量市场;仅仅通过1年时间,这家“倒过来看世界”的互联网公司,就成了中国网络购物市场的领军企业。观察者将之定义为,“本土智慧与美国思维交锋，极其耐人寻味”。事实并非如此简单。几乎没有人意识到,位于浙江的淘宝网和位于上海的eBay易趣或者是位于北京的8848等电子商务企业之间,至少有一点脉络

马云创业名言

从创业的第一天起，你每天要面对的是困难和失败,而不是成功。我最困难的时候还没有到,但有一天一定会到。困难不是不能躲避,不能让别人替你去扛。九年创业的经验告诉我，任何困难都必须你自己去面对。创业者就是面对困难。

完全不同——淘宝网选择的业务拓展中心是江浙一带，这里中小企业密集，产品的成本压力和销售压力巨大——而电子商务这种新生事物恰到好处的满足了它的需求。

2005年，淘宝网超越eBay易趣，并且开始把竞争对手们远远抛在身后。这一年的8月，中国国家统计局公布了一个数据，是年7月份的消费增长率为12.7%。中国的消费增长率已经连续16个月增长速度超过12%。

在当时很少有人意识到，这个数字的出现意味着什么。三年之后的2008年，原国家统计局的一位副局长如此形容，“现在看来，中国正式进入消费驱动型经济架构就是从这个时间点正式得到确立——它意味着中国的消费存在着脱离投资周期而走出独立向上的稳定增长周期，其结果必然是中国的消费率存在快速提高的可能，消费在经济增长中的驱动力量将逐渐提高。”

2006年，淘宝网成为亚洲最大购物网站，同年，中国网民突破1亿。就在这一年，淘宝网第一次在中国实现了一个可能——互联网不仅仅是作为一个应用工具存在，它将最终构成生活的基本要素。很多都市中的白领，中午、傍晚下班后已经不再去周边的商厦逛街购物，而是习惯上网“逛街”。

调查数据显示，每天有近900万人上淘宝网“逛街”。据新生代市场监测机构的调查，像沃尔玛、家乐福这种大型大卖场，一个门店一天的平均客流量低于1.5万人。这意味着，淘宝网一天的客流量相当于近600家沃尔玛的客流量。

同时，人们相信并乐意在网上购买日常生活用品，这些商品已经占到网购总量的30%。越来越多网民通过网络购买服装、居家日用品、食品保健品、母婴用品和家用电器。

2007年，淘宝网不再是一家简单的拍卖网站，而是亚洲最大的网

> **马云微博**
>
> 公司想挣钱是正常的,不想挣钱是不正常的。淘宝经历了九年不正常!九年来我们从未要求过淘宝一分钱的利润。赚钱不是我们的目的。我们不是道德模范,但我们确实想在中国做一家不同的企业。我们全心帮小企业因为我们懂那种痛。但不是人人从商会挣钱,商业是门严肃的学问。

络零售商圈。这一年,淘宝网全年成交额突破400亿,这400多亿不是C2C创造的,也不是B2C创造的,而是由很多种零售业态组成在一起创造出来的。

就像北京最著名的商圈——王府井,它是由百货公司、专卖店、杂货铺甚至包括地摊等多种零售业态组成的。只有清楚了这一点,你才能理解,为什么任何一家做C2C或者B2C的网站,都没有淘宝网这样的发展速度。

2008年,在一个商务研讨会上,一个专家如此说,"如果要定义淘宝网的成功道路的话,那么只可能是这么一句话:它终于将一个商业工具转变为一个生活工具。"

有人如此形容,如果说淘宝网的发展是借助了互联网的飞速应用和个人消费的强势兴起的话,那么它的未来只有集中在这样一个脉络之中:在个人消费带动的个人意识回归前提下,它的每一个拓展步伐都必须立足于"人"这个要素。这显然就是淘宝网在从事的工作——在马云的每一次公开发言中,他都会强调"网商"这么一个由淘宝网和阿里巴巴带起来的名词。

这么一群通过互联网这个便利平台实现个人抱负的人,终有一天会成为这个社会的商业因子,而在他们的推动下,中国商业社会的重新建构才能够真正做到让每一个有梦想的人实现自我价值。只要你肯动手,随时都可以在淘宝网上开一家小店。你也不用担心赔本了怎么办,因为开始时几乎是零成本——目前已经有超过30万人在淘宝网上成功实现了这个梦想,他们仅仅依靠在淘宝网上开店经营获得的收入,就足够过上体面的生活了,这一群体将会像滚雪球一样壮大。

第三节　个人成就

2000年10月，被“世界经济论坛”评为2001年全球100位“未来领袖”之一；美国亚洲商业协会评选他为2001年度“商业领袖”；

2002年5月，获选成为日本最大财经杂志《日经》的封面人物；

2004年12月，荣获CCTV十大年度经济人物奖；

2008年3月，获选巴隆金融周刊2008年度全球30位最佳运行长；

2008年7月，获得日本第十届企业家大奖。该奖项过去只颁发给日本国内的企业家；

2008年9月，获选美国《商业周刊》评出的25位互联网业最具影响力的人物。他也是唯一上榜的中国企业家；

2009年，在马云45岁时，个人净资产达80亿，位列胡润富豪榜第77位；

2009年11月，获选《时代》2009年百大最具影响力人物；

2009年11月，获选《商业周刊》2009中国最具影响力40人；

2009年12月23日，获选CCTV中国经济年度人物中国经济十年商业领袖十人之一；

2010年9月，《财富》杂志以“智慧”和“影响力”为指标，评选出当今全球科技界最聪明的50人。马云以“阿里巴巴CEO”身份入围“最聪明CEO”第四名，颁奖词为“阿里巴巴的帝国正在向全球快速扩展”。

2012年《财富》中国最具影响力的50位商界领袖排行榜，马云榜上有名，排名第八……

国家形象人物

2010年7月，国务院新闻办公室正式启动了《国家形象系列宣传片》的拍摄工作。马云作为参演人员，入选2010年《中国国家形象宣传片》人物。该片是为塑造和提升中国繁荣发展、民主进步、文明开放、和平和谐的国家形象而设立的重点项目，是在新时期探索对外传播新形式的一次有益尝试。据悉，此次先期启动的国家形象宣传片委托全球知名广告公司制作，节目包括时长15分钟的专题长片和30秒广告短片，15分钟专题片，以"以人为本、科学发展"的理念为核心，涉及政治、经济、社会、文化、科研、教育、环境、民族等多个领域，拍摄地点分布各地，力图多角度、全景式地展示当代中国的建设成就，弘扬积极向上的当代中国精神。30秒广告短片采用更有冲击力和震撼力的方案，集中了体育界、演艺界、学术界、科技界、企业界等享有国际盛誉的优秀中华儿女，力图展现当代中国生机勃勃的国家形象。

第四节　马云成功秘诀

马云透露了阿里巴巴以及自己成功的秘诀，那就是梦想、学习和坚持。

"第一你自己要相信，就是'我相信'，'我们相信'；第二是坚持；第三，我们学习；第四，我们做正确的事和正确地做事——正是这四个关键使阿里巴巴走到现在。"在马云看来，人必须要有自己坚信不疑的事情，"你没有坚信不疑的事情，那你不会走下去的，你开始坚信了一点点，就会越做越有意思。"他告诉与会者，自己坚信的是，互联网会影响中国、改变中国，中国可以发展电子商务，而电子商务要发展，则必须先让网商富起来。

互联网是影响人类未来生活30年的3000米长跑，你必须跑得像兔子一样快，又要像乌龟一样耐跑。人要有专注的东西，人一辈子走下去挑战会更多，你天天换，我就怕了你。

马云语录

如何把每一个人的才华真正地发挥作用，我们这就像拉车，如果有的人往这儿拉，有的人往那儿拉，互相之间自己给自己先乱掉了。我在公司里的作用就像水泥，把许多优秀的人才黏合起来，使他们力气往一个地方使。

除了理想外，坚持也是马云非常看重的一点，“很多人比我们聪明，很多人比我们努力，为什么我们成功了，我们拥有了财富，而别人没有？一个重要的原因是我们坚持下来了。”他笑称，有的时候傻坚持要比不坚持好很多，如果空有理想，没有坚持，理想将变成一种痛苦。

学习能力，也是阿里巴巴不断成功的要素。“中国经济、世界经济互联网加上我们的年轻，如果我们不学习，不成长，我们对不起自己，也对不起这个时代。”与此同时，马云也表示，成功还需要选择好正确的方向，“如果方向选错了，你做的越对死的越快，所以我觉得我比较幸运，阿里巴巴选择了一个正确的方向——电子商务，互联网这个方向，但是做错了，可能也不行。”

最后，马云还特别强调了“诚信”。“网商逐渐诞生起来，最重要的是诚信，所以选择最正确的事情，大力投入诚信建设。”

福布斯评价

一鸣惊人：创办阿里巴巴两年后，马云凭借与中国制造丰富资源相得益彰的B2B商业模式，在2000年成为第一个登上《福布斯》封面的中国企业家。

打败eBay：在B2B领域站稳脚跟的阿里巴巴在2003年通过免费服务方式迅速介入C2C（消费者与消费者之间的电子商务）和第三方支付业务，断掉了eBay的中国梦。

第八章 心灵导师——戴尔·卡耐基

人物传奇

除了自由女神,卡耐基或许就是美国的象征。——《纽约时报》

由卡耐基开创并倡导的个人成功学,已经成为这个时代有志青年迈向成功的阶梯,通过他的传播和教导,无数人明白了积极生活的意义,并由此改变了他们的命运。卡耐基留给我们的不仅仅是几本书和一所学校,其真正价值是他把个人成功的技巧传授给了每一个向往成功的年轻人。

——约翰·肯尼迪

第一节 走近人物

人物简介

戴尔·卡耐基(Dale Carnegie,1888年11月24日-1955年11月1日),他一生结过两次婚。他的第一任夫人,是法国的一位女伯爵,1921年与他结婚,十年后离异。他的第二任夫人桃乐丝·卡耐基于1944年和他结婚,是他的门徒和事业的继承人,并给他生一女孩,取名Donna(唐娜)。

他被誉为是20世纪最伟大的心灵导师和成功学大师,美国现代成人教育之父,美国著名的人际关系学大师,西方现代人际关系教育的奠基人。卡耐基利用大量普通人不断努力取得成功的故事，通过演讲和书唤起无数陷入迷惘者的斗志，激励他们取得辉煌的成功。其在1936年出版的著作《人性的弱点》，70年来始终被西方世界视为社交技巧的圣经之一。他在1912年创立卡耐基训练，以教导人们进行人际沟通及处理压力的技巧。

人物作品

卡耐基在实践的基础上撰写而成的著作，是20世纪最畅销的成功励志经典。卡耐基主要代表作有：《沟通的艺术》《人性的弱点》《人性的优点》《快乐的人生》《伟大的人物》和《人性的光辉》。这些书出版之后，立即风靡全球，先后被译成几十种文字，被誉为“人类出版史上的奇迹”。他一生致力于人性问题的研究，运用心理学和社会学知识，对人类共同的心理特点，进行探索和分析，开创并发展出一套独特的融演讲、推销、为人处世、智能开发于一体的成人教育方式。

这些书和卡耐基的成人教育实践相辅相成，将卡耐基的人生智慧传播到世界各地，影响了千千万万人的思想和心态，激发了他们对生命的无限热忱与信心，勇敢地面对与搏击现实中的困难，追求自己充实美好的人生。在卡耐基的一生中，林肯的影响非常重要。卡耐基的童年与林肯非常相似，他把林肯的奋斗历程看作是人生的经典。

由他创办的卡耐基训练机构在进入中国时被译为“卡内基”，而不是“卡耐基”，这其中有两个含义：

一、为区别于一些对利益趋之若鹜的山寨卡内基书籍及培训机构；

二、意寓人的改变是由内而外的，要真正从内心改变自己，才能真正的快乐起来享受人生。

第二节　卡耐基的创业之路

少年忧郁的卡耐基

1888年11月24日，戴尔·卡耐基诞生于密苏里州玛丽维尔附近的一个小市镇。父亲经营一个小小的农场。

家里非常穷，吃不饱，穿不暖。由于营养不良，小卡耐基非常瘦小，却长着一对与头部不很相称的大耳朵。卡耐基上的小学校名很浪漫，叫玫瑰园，却非常简陋，只有一间教室。

他在学校可不是一个听话的家伙。因为调皮捣蛋，搞恶作剧，他几次差一点被学校开除。

他那双又宽又大的耳朵是同学们嘲弄的对象。有一次，班上一名叫山姆·怀特的大男孩与卡耐基发生了争吵，卡耐基说了几句很刻薄的话，怀特被激怒了，便恐吓道："总有一天，我要剪断你那双讨厌的大耳朵。"

他吓坏了，几个晚上都不敢睡觉，害怕在自己进入梦乡以后被怀特剪掉了耳朵。当卡耐基成名以后，仍然没有忘记山姆·怀特。

他归纳出了一番人生哲理："要想别人对你友善，要想与同事和睦的相处，处理好上下级关系，那就绝不能去触动别人心灵的伤疤。"卡耐基还

> **卡耐基语录**
>
> 1.如果希望成为一个善于谈话的人,那就先做一个致意倾听的人。
>
> 2.如果你要使别人喜欢你,如果你想他人对你产生兴趣,你注意的一点是:谈论别人感兴趣的事情。

发现，他具有与生俱来的忧郁性格。他曾向朋友倾诉:烦恼伴随着我的一生。我一直想弄明白自己的忧虑来自何处。

有一天，我帮母亲摘取樱花的种子时,突然哭泣起来。

母亲问:“你为什么哭?”

我边哭边答:“我担心自己会不会像这种子一样，被活活埋在泥土里。”

儿时的我,担惊受怕的事情真的不少:下雷雨时,担心会不会被雷打死;年景不好时担心以后有没有食物充饥;还担心死后会不会下地狱。稍大以后更加胡思乱想:想自己的衣着、举止会不会被女孩子取笑,担心没有女孩子愿意嫁给我。

但后来我发现,曾经使我非常担心的那些事情,99%都没有发生。”一个如此没有自信,几乎被各种各样莫名其妙的忧虑缠绕的小伙子,最终成为给别人自信、让人们乐观的心理激励大师,这中间需要经历多少磨砺,就可想而知了。

卡耐基16岁时,不得不在自家的农场里干更多的活。每天早晨,他骑马进城上学。放学后便急匆匆地骑马赶回家里,挤牛奶、修剪树木、收拾残汤剩饭喂猪……在学校里,瘦弱、苍白的卡耐基永远穿着一件破旧而不合身的夹克,一副失魂落魄的样子。

有一次上数学课时,卡耐基被老师叫到黑板前解答问题。他刚走上讲台，就听见身后爆发出一阵哄堂大笑。下课后才明白同学们笑话他的原因。班上一名捣蛋鬼坐在他背后，在他的破夹克的裂缝处插了一朵玫瑰花,还在旁边贴了一张字条,写着:“我爱你,瑞德·杰克先生。”在英语中,瑞德·杰克与破夹克是谐音词。卡耐基非常难受。

回家后他对母亲说："同学们老是笑话我穿的破衣服，我不能集中精力听课。"妈妈说道："你为什么不想办法让他们因佩服你而尊敬你呢？不必伤心，今年秋季，我一定给你买套新衣服。"卡耐基在童年时代受到他母亲很大影响。

名人语录

一个人最糟的是不能成为自己，而且在身体与心灵中保持自我。

一个不注意小事情的人，永远不会成就大事业。

母亲生性乐观，百折不挠。一次大水灾，洪水冲出了河堤，把农场的所有农作物冲得不见踪影。

父亲用绝望的声音喊道："上帝，你为什么老是和我过不去？我什么时候才能走出困境！"而母亲却十分镇静，她哼唱着歌，将家园重新收拾好。

母亲对卡耐基寄予厚望，一直鼓励他好好读书，希望他将来做一名传教士，或做一名教员。

1904年，卡耐基高中毕业后就读于密苏里州华伦斯堡州立师范学院。这时，家里已把农场卖掉，迁到学院附近。卡耐基负担不起市镇上的生活费用，就住在家里，每天骑马到学校去上课。他是全校600名学生中五六个住不起市镇的学生之一。他虽然得到全额奖学金，但还必须四处打工，以弥补学费的不足。

卡耐基发现，学院辩论会及演说赛非常吸引人，优胜者的名字不但广为人知，而且还被视为学院的英雄人物。这是一个成名和成功的最好机会。但他没有演说的天赋，参加了12次比赛，屡战屡败。

三十年后，卡耐基谈及第一次演说失败时，还以半开玩笑的口吻说："是的，虽然我没有找出旧猎枪和与之相类似的致命东西来，但当时我的确想到过自杀……我那时才认识到自己是很差劲的……"经历失败后，卡耐基发奋振作，重新挑战自我。

忧郁少年的转折点

1906年,戴尔·卡耐基一篇以《童年的记忆》为题的演说,获得了勒伯第青年演说家奖。这是他第一次成功尝试,这份讲稿至今还存在瓦伦斯堡州立师范学院的校志里。这次获胜,对他的一生产生了非同小可的影响。他在后来的回忆中不无自豪地说:"我虽然经历了12次失败,但最后终于赢得了辩论比赛。更为激励我的是,我训练出来的男学生赢了公众演说赛。女学生也获得了朗读比赛的冠军。从那一天起,我就知道我该走怎样的路了……"

1908年,卡耐基仍旧很贫穷,但与两年前进入师范学院时已有天壤之别了。他成了全院的风云人物,在各种场合的演讲赛中大出风头。全院的师生对他刮目相看,但他并不满足于此,他开始走出学院去扩大自己演讲的影响了。

他原先的目标,是想在学校里获得学位,毕业后回到家乡的学校里去教书。但在快毕业的那年里,他发现同班的一个同学在暑假为国际函授学校推销函授课,每周所得的钱,比他父亲的辛勤所得还高出四倍。因此,他在1908年毕业后,便赶到国际函授学校总部所在地的丹佛市,受雇做了一名推销员,后来他又到南奥马哈,为阿摩尔公司贩卖火腿、肥皂和猪油。

第一个公开演讲班——创业路的开始

他的这个推销工作虽然很成功,但在1911年,他却到纽约《美国戏剧艺术学院》学习演戏。一年以后,他感到自己并不具备演戏的天才,于是又回到推销的行业里,为一家汽车公司当推销员。但这些工作都不合他的理想。他的梦想是实现在大学里生活,这比赚钱更重要。他决心白天写书,晚间去夜校教书,以赚取生活费。他想为夜校教公开

卡耐基语录

人类本质里最深层的驱动力就是希望具有的重要性,你要别人怎么对待你,你就先怎样的对待别人。我的座右铭是:第一是诚实,第二是勤勉,第三是专心工作。

演讲课,因为他认为,大学时代他在公开演说方面受过训练,有所经验。这些训练和经验，扫除了他的怯懦和自卑,让他有勇气和信心跟人打交道,增长了做人处世的才能。于是他说服了纽约一个基督教青年会的会长,同意他晚间为商业界人士开设一个公开演讲班。从此,他开始了为之奋斗一生的成人教育事业。那一年是1892年。

卡耐基将他一生中最重要、最丰富的经验,汇集在《人性的弱点·全集》一书中,这本充满乐趣、充满智慧的书,在生活中一定会给予您启迪,勇敢地克服您自己的弱点和自卑,大胆地开拓你的新生活之路。打出了一片自己的"如日中天"的事业,他,撑起了成人教育、心理学家、心灵教父的半边天。

在卡耐基的一生中，林肯的影响非常重要。他把林肯视为自己的楷模,汲取林肯的生活经验和奋斗精神,鼓励自己战胜困难、走向成功的勇气。卡耐基对林肯的认识都记述在他所写的一本林肯传记中。我们从卡耐基对林肯人生的描写中,能够感受到卡耐基对林肯的崇拜之情,能够看到卡耐基理解林肯的独特视角。在卡耐基课程中,他多次提到林肯的故事,仿佛林肯就是他的一面镜子。林肯的童年与卡耐基非常相似,难怪卡耐基把林肯的奋斗历程看作是人生的经典。

卡耐基精神

戴尔·卡耐基在道德、精神和行为方面影响了全世界成千上万人的生活,他的教学构想开创了成人教育的先河,经久不衰。他的教学方式和原则,被目前绝大部分成功培训机构所效仿。事实证明,卡耐基教学模式是目前世界上改变一个人最富成效的方法。他以超人的智慧、严谨的思维,在道德、精神和行为准则上指导万千读者，给人安慰，给人鼓舞，使人从中汲取力量，从而改变生活，开创崭新的人生。

卡耐基的思想和观点影响着美国人，甚至改变着世界。当经济不景气、不平等、战争等恶魔正在磨灭人类追求美好生活的心灵时，卡耐基的精神和思想，就成了人们走出迷茫和困顿的最有力的支撑。即使在现代社会，卡耐基对人性的洞见，仍然指导着千百万人改变思想，完善行为，走上成功之路。卡耐基成功学全书是卡耐基思想精华的汇集。卡耐基所著的《人性的弱点》、《人性的优点》、《语言的突破》等著作，自问世以来，被译成多种文字，成为西方最持久的畅销书之一，风靡全球，被誉为“人类出版史上的奇迹”。

自从卡耐基的著作问世以来，就改变了千千万万人的命运。发明之王爱迪生、相对论鼻祖爱因斯坦、印度圣雄甘地、《米老鼠》的父亲华尔特·迪斯尼、建筑业奇迹的创造者里维父子、旅馆业巨子希尔顿、白手起家的台湾塑料大王王永庆、麦当劳的创始人雷·克洛克等等，都深受卡耐基思想和观点的影响。他的实用性和指导性，以及对社会各类人群和各个时代的适应性，是卡耐基思想的重要特点。当时代的战车匆匆驶过20世纪，进入新千年的时候，卡耐基的思想和见解并没有被时代所抛弃，相反，在今天这个竞争激烈的社会，他的思想和洞见更加深刻和实用，对于年轻人更具有指导意义。

在20世纪，卡耐基演讲口才艺术曾风靡世界，掀起了一股经久不衰的卡耐基口才热，使亿万人获益匪浅。仅在欧美地区，就有近2 000个卡耐基演讲口才训练班，仍满足不了越来越多的卡耐基口才热者的参训要求。甚至许多地方出现了卡耐基演讲口才俱乐部，供人们交流运用卡耐基演讲口才艺术的经验和感想。在参加训练的人们中，有著名作家、政治家、商界大亨、学者、大学生、职员，甚至还有几位国家元首，可见其影响之巨，已渗透到社会的各个阶层和各个方面。

成功人际交往的秘诀

1.请对方帮一个忙。
2.真诚赞美他人。
3.尽量满足他人的需要。
4.记住他人的姓名。

第三节　卡耐基训练

全球卡耐基训练简介

创立于1912年，全世界超过86个国家设有分支机构，并拥有一致教学内容与品质。以三十种语言提供专案服务。

目前有超过3 000位合格讲师和教练（Coaches）。毕业学员超过800 万人。Fortune（财富）500 大企业中，超过425 家企业长期使用卡耐基训练。

1987 年台湾引进卡耐基训练进入华文市场。1998年引进中国内地市场。中国卡耐基训练经营团队有16年专业培训经验。为国内600家以上的上市公司及跨国企业提供专业咨询。

卡耐基训练历史

戴尔·卡耐基于1888年在美国密苏里州出生，毕业于沃伦斯堡州立师范学院。

作为一名有当演员抱负的销售人员，他前往纽约，并在YMCA开始向成人教沟通的课程。在1912年，举世闻名的戴尔·卡耐基班诞生了。到了1930年代，卡耐基开始在全美国招兵买马找代表推广这门日益受人欢迎的课程。

戴尔·卡耐基于1936年完成了非常畅销的著作《如何赢得友谊和影响他人》。这个里程碑让他的核心价值观在全美国迅速蔓延。此外，卡耐基也开发了第一个销售培训课程，后来成为现今的巅峰销售班。

卡耐基语录

零星的时间，如果能敏捷地加以利用，可成为完整的时间。所谓“积土成山”是也，失去一日甚易，欲得回已无途。

卡耐基的公司在1954年注册成为戴尔·卡耐基训练机构。戴尔·卡耐基在1955年过世，但他所推广的核心价值却延续了几十年，直到今天都在全球各地广为流传。

1950年代也是卡耐基训练的国际扩张期，陆续在欧洲、亚洲、南美洲和澳大利亚成立推广机构。

同一时期戴尔·卡耐基训练机构开始聘用专业经理人，并成立了教学、采购、财务与行销等部门来推广日益庞大的业务。在1967年卡耐基训练首先推出了领导力相关的培训课程。

在1975年卡耐基训练的所有课程获成人继续教育委员会（现称为成人教育和培训认证委员会）评审通过取得正式认证。

应职场的专业人士需要密集的团体沟通训练，卡耐基训练在1985年推出了策略简报班(现称为震撼力陈述班)。

在1992年卡耐基训练开始在全球提供量身订做的企业解决方案。

从此以后，卡耐基企业培训的专业团队便能针对不同企业培训人才的需求,来设计独一无二的企业内训课程。

在2001年卡耐基训练在美国所有的授权机构都被美国联邦政府批准,正式成为各地联邦政府机构可采购的合格培训厂商。

卡耐基情商教育观

戴尔·卡耐基是美国成人教育运动的先驱。

他认为:“成人教育不仅仅是指学到科学知识的教育，更应该涵盖对人们创造美好生活的培养。成人教育应该是一门社会关系学方面的学问，在这种意义上，成人课程肯定必须有异于传统教育。成人想增进或发展一种技能以增加生活的某种实效性，这是当今商品社会化所产生的必然的趋势。成人教育，应帮助成人更好的学习和生活。关于学习和生活中的一些基本事实都是社会研究的课题，更应是成人教育的课程内容。”

卡耐基语录

今天太宝贵，不应该为酸苦的忧虑和辛涩的悔恨所销蚀。把下巴抬高，使思想焕发出光彩，像春阳下跳跃的山泉。抓住今天，它不再回来。

你有信仰就年轻，疑惑就年老；有自信就年轻，畏惧就年老；有希望就年轻，绝望就年老；岁月使你皮肤起皱，但是失去了热忱，就损伤了灵魂。

戴尔·卡耐基对成人教育的认识源于他背后的教育哲学作为基础。

从一开始，他就对约翰·杜威的“实证”哲学感兴趣。教育就是现在，而不是为未来作准备。因此，他把成人最需要的东西列为学习的内容，追求成人课程的实效性。

成人学习的内容必须与社会紧密相关，与成人个人的幸福及个体的充分发展休戚相关，这些认识值得我们学习。

当然，把成人教育仅仅当作一门社会关系学未免有失偏颇，但这是与当时美国成人需要分不开的。

戴尔·卡耐基的成人教育观的启示：成人教育是培养人们过上美好生活的一种教育，能够帮助人们实现自己的追求，促进个体的充分发展；能够有效实现生产力转化，促进社会阶层的流动；对社会文化的继承与传递、批判与选择、协调与统合、创造与更新方面起了十分重要的作用。

此外，根据戴尔·卡耐基成人教育课程的观点，课程的开设也要根据成人的学习特点，成人的学习是以生活为中心的学习，且以问题或任务为导向。成人学习动机虽然各异，但是目标非常明确，就是学以致用。

戴尔·卡耐基设立每一个班都有一个宗旨，即提供学员有助于达成他们目标的技术。教师使用的方法、技巧以及工具等等，也都要接受彻

完形心理学派理论

人们应该考虑到一个情况的整个形态，而不是考虑这个情况中的各个组成部分。他们认为：“整体美比它的各个部分的总和要大。”这个观念通过教师而运用于卡耐基课程中，也就是教师关注的是整个的个人。集中关注于事情的整体，而不是它的各个部分，教师就可以从学员身上引发出肯定而积极的行为反应。

底的训练，以协助学员达到他们学习的目的。

有一样事情是可以确定的：卡耐基课程绝不是机械的、呆板的。卡耐基坚持必须先求内心的成长，然后才形之于外的原则，尊重每一个成员的个性。

桃乐丝·卡耐基说明了这项原则：“我们不能够改变一个人的为人——就是我们能够，我们也不会这样做。我们所能做的只是帮助一个人更有效地运用他所具有的任何能力和天赋才能。

除去了畏惧，一个人就能够表达他所要表达的任何意思；在这种办法之下，整个人就能致力于实现自己所想实现的目标。

卡耐基教学的理论基础

从1912年开始，卡耐基不断地试验新的教学方法，并且采用了符合他自己目的的教学方法。

经过不断的探索，他把完形心理学派的理论及艾默尔·柯乌尔提出的“自我暗示法”作为其教学的理论基础。

自我暗示法

卡耐基教学法的另一个重要理论基础是“自我暗示”。这个观念是由艾默尔·柯乌尔提出来的。

柯乌尔认为，一个人内心的“自我谈话”决定一个人对自己的看法，并且影响着他的行动。

柯乌尔在“自我谈话”方面最著名的建议是：“不断重复地对自己说，每天我在各方面都愈来愈好。”

卡耐基课程提供了这种观念的方法。由于一个人必须感觉成功才能成功，卡耐基课程的教师就努力鼓励每一个学员拥有成功的感觉，努力使自信成为学员整个生活形式的一部分。

好的表现立即给予嘉勉，并不断强化，学员自然会把好的表现养成为习惯。每班最有进步的学员都受到奖励。得奖的人都特别重视这些奖励，并把奖励作为自信的见证。此外，称赞和嘉许的气氛也培养了学员积极肯定的态度。

成人教学观

为尊重学员个别差异，卡耐基训练班根据学员的差异分成了六个课程班，分别为：卡耐基演讲班、卡耐基人际关系班、卡耐基推销班、卡耐基顾客关系班、卡耐基管理人员班和卡耐基人事发展班。

卡耐基课程教师根据每个学员的基本情况，帮助他们制订自己的学习目标。教师会记住每个人的目标，并指出以后的课程，将会怎样有助于达到他们的目标。

学习后，教师会要求学员从各方面和自己受训前的感觉相比，而不是和进步较快、基础较好的学员相比。

让每个学员感到自己每天都在进步，这样自信心就会与日俱增，直至自信成为他们生活中的一部分。培训的结果是基础不同，个性各异的学员经过培训后，都得到不同程度的发展。

尽量使每一个学员都感到自在。成人学习者能否感到满意，他与教师及同学的关系起着很重要的作用。

卡耐基课程的教室环境中，所有学员都是朋友，大家在友善的气氛中分享

卡耐基语录

我们若已接受最坏的，就再没有什么损失。

精神振作的商人，除了有小心谨慎的习惯之外，还得要有敏捷和不因循两种长处。

想交朋友，就要先为别人做些事——那些需要花时间、体力、体贴、奉献才能做到的事。

着学习成果。教师也都富有积极进取精神，乐于鼓舞人的品质。

教学过程充满对话。卡耐基意识到成人唯有深入到学习的过程之中去，才能学得最好。他改变了填鸭式讲课的教学方法。并指出讲课如果只是企图把教师的知识强加在学生身上，却不一定能够使学生确实学习到。他要求教师必须鼓励全体学员亲自参与。学员参与的活动有提出报告、团体演习到角色演出和小组讨论等。

鼓舞每一个学员追求自我发展。美国哈佛大学的心理学教授威廉·詹姆士曾评价卡耐基的成就“与我们的成就相比，我们只不过是半醒着，我们只利用了身心资源的一部分。

卡耐基帮助职业男女开发他们蕴藏着的潜能，在成人教育中开创了一种风靡全球的运动。”卡耐基课程促使人们努力向前，并向自我挑战，它激发并增强人们的自我价值和人生目标。由卡耐基开创并倡导的个人成功学，已经成为他生活的时代的有志青年迈向成功的阶梯。通过他的传播和教导，许多人明白了积极生活的意义，并由此改变了他们的命运。

教学结果卓有成效。卡耐基在《人性的弱点》中谈到，“你要能投其所需，也就是你交给他们些东西，他们明天就可以派上用场和增加收入，或者增加他们业务和社交往来的效果。”“因此我必须讲求实用。”卡耐基要求学员要把所学到的东西带进他们生活的每一个方面，辅导学员真正地把所学到的东西真诚地、有意义地运用于生活中。

卡耐基的课程结构是由简单渐进到复杂，而且在课前、课间以及课后都加以应用。

例如，先在一堂课中讨论人际关系中的某项原则，课后研读有关的文字资料，在下一堂课之前加以运用，然后在上课时提出报告。而且由于课堂中所产生的群体推动力量，学员几乎都是自动自觉地去实际应用。

在卡耐基课程丰富的、重要方式的影响下，人们提高了生活素质。他们从日益增长的自信和热忱中，得到生活的力量，增进了沟通意见的能力，学会了做人处世的技巧。在业务上、在社交上、在私人生活中，都享受了更好的人际关系，获得更大的成功和幸福。学员们因完成课程而获得的证书，并不代表任何特殊领域里的能力或专业才华，只是认可了这些学员在课程中坚持到底的态度。学员在本质上没有任何改变，许多学员完成课程后，只是感到更快乐，对自己更满意。

卡耐基的代表作

《人性的优点》

原是卡耐基教授写的一本关于如何克服忧虑的书。此书对卡耐基原著作原义进行了深入阐述，它对于开阔我们的视野，战胜自身的忧虑，特别是克服封闭式的人性弱点，将有宝贵的启示和借鉴作用。

《人性的弱点》

这是一本关于改善人际关系、教人做人处世艺术的书。它对于开阔我们的视野，改善我们的人际关系，特别是克服封闭式的人性弱点，将有宝贵的启示和借鉴作用。

《积极的人生》

本书阐述了卡耐基教授用来丰富生活的理论、原则和做法，它对于开阔我们的视野，如何应用做人处世的法则，来征服畏惧、培养自信、激起

热忱、改善人际关系、激发人的潜能，使人走向积极的人生，将有宝贵的启示和借鉴作用。

《伟大的人物》

《伟大的人物》原是卡耐基教授在搜集、研究和整理世界57个古今伟人、名人资料的基础上写成的。本书记述了这些伟人、名人、奇人在人生事业成功之路上的艰苦跋涉、成就伟业的生动事例和鲜为人知的奇闻轶事。

《成功的12种方法》

《成功的12种方法》是卡耐基哲学思想和教育体系的集大成。它是卡耐基教授一生的经验总结，确确实实地对大家有用的十二把打开成功之门的钥匙。

《成功交际法则》

《成功交际法则》本书原是卡耐基教授写的关于成功交际法则的书。它对于开阔我们的视野，促进我们的成功交际，特别是克服封闭式的人性弱点，将有宝贵的启示和借鉴作用。

《成功之道全书》

《成功之道全书》本书是卡耐基哲学思想和成功学教育体系的集成。它是卡耐基教授一生的成功经验的总结。

《语言的突破》

这是一本要人们克服畏惧、建立自信，更有效地说话的书，它对于开阔我们的视野，顺乎自然地发挥自己的潜在智能，在各种场合下发表恰当的谈话，博得赞誉，获得成功，将有宝贵的启示和借鉴作用。

《写给女人》

本书是卡耐基夫人根据她多年工作的体会，以其女性独有的视角与聪慧，专门写给妇女的生活教科学。它对于开阔我们的视野，特别是对于克服封闭式的人性弱点，将有宝贵的启示和借鉴作用。这是一部女性缔造成熟之爱、获取人生幸福的经典之作。

《快乐的人生》

此书是《人性的优点》续集。该书的前三部分，阐述了要想得到快乐就必须“培养快乐的心理”、“不为别人的批评而不快乐”、“支配你的工作和金钱”；第四部分则由几十位名人现身说法，讲述自己如何得到快乐的经历。总之，这是一本引导人们踏上快乐人生的书。

《沟通的艺术》

本书是卡耐基出版的第一部成功学著作，它教给人们怎样克服畏惧，建立自信，怎样实现良好的人际关系的沟通，怎样顺乎自然地发挥自己的最大潜能。

第九章 比亚迪之父王传福

人物名片

他相信，没有比脚更高的山，没有比脚更远的路；他坚信，只要灵魂不屈，自己一定会走出一条康庄大道。从白手起家到身家百亿，他用了14年的时间；从涉足镍镉电池市场到抢占全球近40%市场份额，他用了3年时间；从胡润百富榜上的第103位到跃至榜首，他只用了1年的时间……这张时间表，犹如蒙太奇，越往后节奏越快越让人瞠目。实现这张时间表的过程，不是电影里的传奇故事，而是一个中国企业家真实的奋斗之路。

第一节 走近人物

人物简介

王传福，安徽省无为县人，1966年2月15日出生，1987年毕业于中南大学冶金物理化学专业，同年进入北京有色金属研究总院攻读硕士，1990年毕业后留院工作，1995年辞职，创办比亚迪公司，短短几年时间，发展成为中国第一、全球第二的充电电池制造商，2003年进入汽车行业，现为比亚迪股份有限公司（1211.HK）董事局主席兼总裁、比亚迪电子（国际）有限公司主席。

荣誉称号

2002年11月获香港"紫荆花杰出企业家"奖；

2002年度"中国优秀民营企业家"；

2002年首次进入了《福布斯》杂志推出的"2002年中国富豪榜"；

2003年6月王传福以企业家的身份，被《商业周刊》评选为25位"亚洲之星"之一；

2003年9月入选"深圳十大杰出青年"；

2008年度CCTV经济年度人物"年度创新奖"；

2010年5月14日，"2010新财富500富人榜"，以343.3亿元资产排名第四位，被评为20世纪影响中国的25位企业家之一。

贫寒少年学业优秀

1966年2月15日，王传福出生在安徽无为县的普通农民家庭。王传福的父亲是一名技艺出色的木匠，后来入了党，曾经担任大队书记的职务。

他为人正直、坚韧刚强、乐于助人，在当地受人尊重，有号召力。他在工作中公私分明，在群众中有口皆碑。由于是党员，王传福父亲的思想在农村中是比较开明先进的，去世时他响应党的号召，说服自己的亲人火葬。王传福的母亲则是传统的贤妻良母，教育孩子要忠厚本分。

受家庭氛围的影响，子女们也都继承了刚强正直的性格和坚强不屈的精神。王传福亦是如此，这在他以后的创业历程中得到了明显的体现。王传福有五个姐姐、一个哥哥和一个妹妹。加上父母，一家十口人就靠世代传下的木

工手艺活为生，日子倒也过得平静安详。但是好景不长，在王传福十三岁时，父亲因为长期的病痛折磨去世。家庭的经济情况开始每况愈下，王传福的五个姐姐先后出嫁，妹妹被寄养，而哥哥王传方也从此退学开始工作赚钱养家。日子的艰难不易，母亲和兄长的殷殷期盼，不断鞭策着王传福。

在青少年时期，也许因为家庭的原因，他比同龄孩子显得稳重早熟，性格比较腼腆不大爱说话，也不愿意与他人过多交往。但是他比同龄的孩子更加知道用功读书，将全部的精力和时间用来学习。因为他明白，家庭的希望都寄托在他身上，他唯有以优异的成绩作为报答。所以在他的心里永远有一条信念，那就是“永远要比别人做得好”。心有多大，舞台就有多大。王传福不服输、不断超越自己的精神，奠定了他后来事业成功的基础。

屋漏偏逢连夜雨。两年后，在王传福即将初中毕业的时候，母亲又突然去世。命运给相依为命的兄弟俩以最沉重的打击。孟子说：“天将降大任于斯人，必先苦其心志。”生活的苦楚，年少的王传福是尝够了。深受打击的王传福，只能每日沉浸在学习中，以此忘掉痛苦孤独。生活的苦难也让王传福养成了坚强、独立、强势的性格。正像他自己说的“我什么事情都要自己去支配，什么事情都要自己去管”。父母留给一对兄弟的全部财产就是四间茅草房，但是父母给他们留下的精神影响却让兄弟俩受益无穷，在潜意识里影响着他们的一生。王传福母亲去世时，正值初中毕业考试。王传福因此缺考了两门课程，没有考上当时热门的中专。

人生的命运有时完全是偶然的，一个小小的因素就有可能改变一个人的一生。王传福的一生就是这样被改变的。在80年代中专管分配工作，因此是当时很多家境贫寒的初中毕业生的首选。但是90年代后由于国家教育政策的调整，中专毕业生就业困难。传福由于母亲的辞世，没有考上中专，而是进入无为县一所刚建立的普通高中——无为第二中学。这种偶然给了王传福进一步读大学深造提供了上升的空间。否则，一代技术狂人王传福可能会被淹没在平凡的生活中。

因为家庭的不幸遭遇，王传福的哥哥王传方在18岁就扛起了家庭的重担，中断学业工作赚钱。但无论生活多艰难，他始终要求弟弟要发奋读书。王传福看到家庭的困难、哥哥的辛苦，心里有所动摇时，哥哥却说："再苦再累，卖房也要读书，只有读书才是唯一的出路。"在王传方眼里，真是"万般皆下品，唯有读书高"，他要求弟弟考上大学。

当母亲去世时，大嫂张菊秀踏入了这个遭遇不幸的家庭。她身上所具有的中国传统妇女的贤良淑德重新温暖了兄弟俩的心窝。王传福高中的三年是整个家庭最艰难的时期，新进门的大嫂没有享受过一个新娘的快乐，而是要为柴米油盐发愁，照顾一家人的饮食起居。王传福从高中起住校，每周末回家向嫂子取10元的生活费。有一次，家里实在没有钱，而嫂子又不舍得他委屈自己，就在村子里挨家挨户地借钱，最后才筹到不到5元的散票子。而后来在王传福考上大学时，哥哥将结婚时所带的一块"上海牌"手表和家里全部的新东西都送给了弟弟，并一路陪同他到长沙。

在王传福求学期间，哥哥也决定将自己的小生意搬到弟弟所在的城市，尽量能在生活上多照顾到他。王传方一直承担弟弟的学费和生活费，直到研究生毕业。长兄如父，哥哥不仅在生活上照顾弟弟，更教会他做人。勤俭节约、要有志气、尽量花自己的钱是哥哥常说的话。而兄弟俩在最困难的日子也没有到成家的姐姐家里过一个春节。手足情深，兄弟间的浓浓情谊延续至今。今天已经名动天下的王传福和哥嫂家住门对门，在生活上互相照应。

经典语录

人生像攀登一座山，而找山寻路却是一种学习的过程，我们应当在这过程中学习笃定、冷静，学习如何从慌乱中找到生机。生命有一种硬度，你若有不屈的灵魂，脚下就一定会有一片坚实的土地。

在事业上，兄嫂全力支持着王传福，掌管

后勤部门，为比亚迪的成长立下了汗马功劳。1983年，王传福以优异成绩考入位于长沙的中南矿冶学院冶金物理化学系，在王传福大三时，学校改名为中南工业大学。王传福的母校中南矿冶学院组建于1952年。1952年在全国高校院系调整中，由武汉大学、中山大学、北京工业学院、广西大学、湖南大学、南昌大学这6所院校的矿冶类学科组建而成。学校坐落在湖南省长沙市风景秀丽的岳麓山下，湘江之滨。

1960年进入全国重点大学行列，1985年更名为中南工业大学，1996年9月通过国家“211工程”立项审核，成为面向21世纪国家重点建设的大学之一。学校先后隶属于教育部、高等教育部、冶金工业部和中国有色金属工业总公司，1998年9月起再次成为教育部直属高校。在2000年大学合并的潮流中，经国务院批准，中南工业大学与湖南医科大学、长沙铁道学院合并组建成新的中南大学。

进入大学后，出身贫寒的王传福埋头于学习之中，一心把专业课学好。爱因斯坦有句名言：兴趣是最好的老师。王传福想做科学家，肯钻研问题，因此他的学习成绩在班上名列前茅。在本科时王传福就开始接触电池，这为他未来的事业打下了一个良好的基础。中国香港风险投资公司汇亚集团董事兼常务副总裁王干芝评价说：“王传福是我见到少有的非常专注的人，他大学学的是电池，研究生学电池，工作做的还是电池。”正是因为长期专注于电池领域，他才能做出成果。成功有时候靠的就是坚持。

应该说王传福并不是那种死读书的学生，王传福是外向型性格，天性开朗，喜欢热闹。因此他在大学期间喜欢参加各种各样的校园活动，尤其是喜欢参加舞蹈。这一

衣锦还乡

王传福是中南大学的校友，2008年10月26日，已经成为中国汽车业后起之秀的王传福回到母校，受聘为中南大学兼职教授，这也是衣锦还乡吧。王传福是中南大学的骄傲！

点其实挺让人费解的，王传福毕竟是一个霸气十足，男人味十足的男人。这种人在大学里一般都是踢足球、打篮球，哪有喜欢跳舞的？也许思维异于常人的王传福有他自己独特的想法吧。不过王传福总是精于技术，他的舞技之好在当时校园内是公认的，甚至有人将他称为学校里的“舞林高手”。结果读大学期间，王传福的名声就在学校里传开了，不是因为他学习好，而是因为他喜欢跳舞。

据他的同学刘懿介绍，当年读大学时，学校还开展过有关舞蹈知识的讲座，他们就乘着这些机会学习，“教的是些交谊舞之类的。”

“王传福经常去学校食堂跳舞，”刘懿说，“食堂里只要把桌椅往两边移开，打开录音机，我们就能跟着音乐边跳舞边喝酒，玩得很high！”

大学里，王传福算是活跃分子，“他还帮忙给辅导员介绍对象呢。”刘迪说。

当记者问及王传福是否在大学里谈过恋爱时，刘迪说：“他没有谈过，那时候在大学里谈恋爱不如现在这么普遍，并且校纪校规里也不提倡。”

后来王传福被受聘为中南大学兼职教授。王传福先生在致辞中表示，感谢母校给他这个荣誉，今天回到阔别20多年的母校，内心充满激动，更为母校的飞速发展壮大感到无比自豪。回忆起大学时代的点点滴滴，王传福至今还难忘母校的培育之恩，他动情地说：“没有中南大学，就没有我们的今天，是母校造就了我们这一代人。”随后，王传福先生向大家简要介绍了比亚迪的发展现状，并以一个校友的身份表示，自己永远是中南的一份子，以后争取每年都来学校作讲座，引导青年学子。谈及校企合作，他希望能在铁路桥梁等领域加强与母校在技术和人才上的合作交流，并表示将在母校建立比亚迪基金会，为母校发展作贡献。

第二节　从电池大王到汽车大王

冒险创业　最年轻的处长搞单干

1987年7月，21岁的王传福从中南工业大学冶金物理化学系毕业进入北京有色金属研究院。在研究生期间，他更加刻苦，把全部的精力投入到电池研究中去。人们常说，有志者，事竟成。仅仅过了5年的时间，26岁的王传福被破格委以研究院301室副主任的重任，成为当时全国最年轻的处长。而更让他意想不到的是，一个促使他从专家向企业家转变的机遇从天而降。1993年，研究院在深圳成立比格电池有限公司，由于和王传福的研究领域密切相关，王传福顺理成章成为公司总经理。

在有了一定的企业经营和电池生产的实际经验后，王传福发现，作为自己研究领域之一的电池行业里，要花2万－3万元才能买到一部大哥大，国内电池产业随着移动电话的"井喷"方兴未艾。作为研究方面的专家，眼光敏锐独到的王传福心动眼热，他坚信，技术不是什么问题，只要能够上规模，就能干出大事业。

于是，他作出了一个大胆的决定——脱离比格电池有限公司单干。脱离具有强大背景的比格电池有限公司，辞去已有的总经理职务，这在一般人看来太冒险。但王传福相信一点：最灿烂的风景总在悬崖峭壁，富贵总在险境中凸现。1995年2月，深圳乍暖还寒，王传福向做投资管理的表哥吕向阳那里借了250万元钱，注册成立了比亚迪科技有限公司，领着20多个人在深圳莲塘的旧车间里扬帆起航了。

冲破牢笼 “蚍蜉”撼动了大树

成立一个公司并不难,生产一个产品也不难,难的是如何将尽可能小的投入演变为尽可能大的产出。这就需要眼光,需要冒险。很多人创业失败不在于缺乏资金,而在于缺乏眼光和冒险精神。王传福拥有的最大的资本,就是战略眼光和冒险精神。

回想起当时的情形,王传福都有些不敢相信自己哪来这么大的勇气。在当时,日本充电电池一统天下,国内的厂家多是买来电芯搞组装,利润少,几乎没有竞争力。如何打开局面?经过认真思考,王传福决定依靠自身技术研究优势,从一开始就把目光投向技术含量最高、利润最丰厚的充电电池核心部件——电芯的生产。事实证明,王传福这一招可谓是后发制人、一招致命的关键所在。

更让人们津津乐道的是,正在寻求快速发展之道的王传福在一份国际电池行业动态报告中发现,日本宣布本土将不再生产镍镉电池,而这势必会引发镍镉电池生产基地的国际大转移,王传福立即意识到这将为中国电池企业创造前所未有的黄金时机,于是决定马上涉足镍镉电池生产。

那时,日本的一条镍镉电池生产线需要几千万元投资,再加上日本禁止出口,王传福买不起也根本买不到这样的生产线。但世上无难事,只怕有心人。王传福是一个知道如何控制成本的“抠门”老板。根据企业的特点,他利用中国人力资源成本低的优势,决定自己动手建造一些关键设备,然后把生产线分解成一个个可以人工完成的工序,结果只花了100多万元人民币,就建成了一条日产4000个镍镉电池的生产线。

随后，王传福专门成立了比亚迪锂离子电池公司，这一决定在今天已经结出硕果。根据《日经电子新闻》的统计，目前比亚迪在锂离子电池和镍氢电池领域仅排在三洋、索尼和松下之后，成为与这三家日本厂商齐名的国际电池巨头。

1996年，比亚迪公司取代三洋成为台湾无绳电话制造商大霸的电池供应商。大霸是电信巨头朗讯的代工生产商（O E M），比亚迪公司因此成为朗讯的间接供应商。1997年，比亚迪公司镍镉电池销售量达到1.5亿块，排名上升到世界第四位。

在镍镉电池领域站稳脚跟后，不甘寂寞的王传福又开始了镍氢电池的研发，王传福投入了大量资金，购买最先进的设备，搜索最前沿的人才，并建立了中央研究部。当时锂离子电池是日本人的天下，国内同行不相信比亚迪能搞成，据说王传福当时在业内受到了嘲笑，但他相信这是机会。并从1997年开始大批量生产镍氢电池。但此时恰逢金融风暴席卷东南亚，全球电池产品价格暴跌20%到40%，日系厂商处于亏损边缘，但比亚迪的低成本优势越发显得游刃有余。飞利浦、松下、索尼甚至通用也先后向比亚迪发出了令人激动的大额采购订单。在镍镉电池市场，王传福只用了3年时间，便抢占了全球近40%的市场份额，比亚迪成为镍镉电池当之无愧的老大。

此时，王传福的表哥吕向阳通过其所有的广州融捷投资管理集团向王投资1 660万元，使比亚迪公司注册资金从450万元扩大到3 000万元。这一年，比亚迪公司镍氢电池销售量达到1 900万块，一举进入世界前 7 名。1997年，比亚迪已经从一个名不见经传的小角色，成长为一个年销售近1亿元的中型企业。3年来，比亚迪每年都能达到100%的增长率。

此外，王传福直接介入供应商的材料开发环节，利用比亚迪强大的科研能力，共同制订降低成本的方案。如镍镉电池需用大量的负极制造材料钴,如果进口国外性能较好的钴,成本极高。比亚迪与深圳某公司合作,在明确了国内外钴的品质差距之后,制定了提高国产钴品质的详细办法,终于使国产钴达到国际品质要求,同时较国外产品成本低40%。由于负极材料应用极广,比亚迪仅此一项,一年就可以节省数千万元。

此后,王传福把目光放到了欧美和日本市场。1998年至2000年,比亚迪欧洲分公司、美国分公司先后成立,日本厂商后院起火。1999年至2000年,比亚迪公司在这些市场势如破竹,大客户名单上出现了松下、索尼、通用电气、美国电话电报公司等。

2000年,王传福投入大量资金开始了锂电池的研发,很快拥有了自己的核心技术,并成为摩托罗拉的第一个中国锂电池供应商。2001年,比亚迪公司锂电池市场份额上升到世界第四位,而镍镉和镍氢电池上升到了第二和第三位,实现了13.65亿元的销售额,纯利润高达2.65亿元。

目前,比亚迪的生产规模达到了日产镍镉电池150万只,锂离子电池30万只、镍氢电池30万只,60%的产品外销,手机领域的客户既包括摩托罗拉、爱立信、京瓷、飞利浦等国际通讯业巨头,也有波导、TCL、康佳等国内手机新军,而无绳电话用户包括伟易达、松下、新利等行业领导者。比亚迪一跃而成为三洋之后全球第二大电池供应商,占据了近15%的全球市场。

电池大王造汽车

比亚迪非同凡响。其掌舵人王传福,被称为“技术狂人”。他带领的这家深圳公司白手起家,13年中建立了涉及电池制造、手机配套、汽车等领域产值约200亿的高端制造企业。通过把可充电电池和电力汽车两个主业的嫁接,比亚迪声称要在2025年成为全球第一大商用车制造企业。

> **比亚迪之意**
>
> BYD,除了被广泛解释为Build Your Dream(成就你的梦想),还被投资者看作BuildYour Dollar(成就你的美元)。

这个看上去内向而朴拙的安徽人获得过物理化学学士。1995年,从做房地产的表哥手中借到

250万元，他一头扎进手机电池行业。从镍电池到锂电池，比亚迪从容不迫的赶超，一度令索尼、三洋等行业大佬恐惧。正当人们为王传福在电池行业咄咄逼人的态势惊叹时，他鸟枪换炮，又一头挤进竞争白热化的汽车业。

> **比亚迪精神**
>
> 成功最关键的还是要有冒险精神，许多时候不在于你能不能干，而在于你敢不敢干。

如果说单干创业对于王传福来讲是第一次冒险，那么决定制造汽车无疑是他冒险的疯狂之举。2003年1月23日，比亚迪宣布，以2.7亿元的价格收购西安秦川汽车有限责任公司77%的股份。比亚迪成为继吉利之后国内第二家民营轿车生产企业。

2003年8月，在陕西广东经贸合作推介会上，王传福再爆惊人之举，比亚迪与西安高新技术产业开发区、陕西省投资集团签订合资组建比亚迪电动汽车生产线合同，项目投资达20亿元人民币。

王传福的思路是，通过电池生产领域的核心技术优势，打造中国乃至世界电动汽车第一品牌，“电池大王”将造汽车与自己的长项相结合。王传福的自信来源于比亚迪在电池生产领域的成功。他要复制这样的成功，他看准了庞大的汽车市场，王传福为比亚迪做汽车寻找了充足的理由。“我下半辈子就干汽车了。”王传福说。

2004年1月，深圳市有200辆比亚迪制造的锂离子纯电动汽车投入出租运营，成为全国第一家电动汽车示范区，真正实现尾气零排放。这种电动汽车一次充电后可行驶350公里，成本价在10万元到12万元之间，零售价在14万元左右。在做完必要的改进后，将全面进入北京市场，并且在上海、广州、西安等城市陆续上市。

小米加步枪创奇迹

有人说比亚迪是丰田汽车未来的真正对手。有人说，王传福蔑视现有的商业秩序和游戏规则，“他信赖年轻的工程师胜过资深的欧美技术专家，他认为什么都可以自己造，而且造的比高价买的更管用，他觉得技术专利都是‘纸老虎’”。的确，王传福改变了中国企业家的形象。那些在全球产业分工链条上苦苦挣扎，为了获得一份低端打工仔职位而不断压低身份，不惜血本甚至自相残杀的人群中，终于走出来一位“技术派”领军人物，以拆解跨国公司的技术壁垒为己任，狂热追求技术创新，并组织起了一支真正能征惯战的本土化的技术研发和制造队伍。“我们从不对核心技术感到害怕。别人有，我敢做，别人没有，我敢想。比亚迪每个单位遇到问题，我们都会说，你解决不了，不是因为没有能力，而是因为你缺少勇气。”比亚迪一位副总裁这样解释他们的企业哲学。王传福的看法更实际。针对中国企业普遍面临的“技术恐惧症”，他说，这种恐惧正是对手给后来者营造的一种产业恐吓，他们不断地告诉你做不成，投入很大，研发很难，直到你放弃。

汽车，说穿了不过就是“一堆钢铁”。是啊，能让飞船上天的民族，难道就只能干些鸡零狗碎的低端加工业？他拥有独特的解决之道。投资一条电池生产线，要几千万元，没钱怎么办？自己造。王传福‘土办法’看上去很笨拙：自己动手制造生产设备，把生产线分解成一个个可以由人工完成的工序。没钱，难道还没有人？比亚迪的“制造秘诀”，是“半自动化加人工”，也有人称“小米加步枪”。

从电池生产线到汽车模具，王传福把人力资源发掘到了极致，二十名工程师怎么也能顶上一台机械手吧。在日本、欧美，工业化意味着大机器制造，尽量减少人工。经过比亚迪改造的“中国特色工业制造”，却是“人海战术”，或叫工程师制胜。自己动手，丰衣足食。“比亚迪制造模式”不但大幅降低了成本，而且将技术的消化吸收和工艺改进自始至终地融入到了制造业的各个环节。他们发现，“半自动化人工”的准确率并不比全自动化低，而且避免了批量加工出错后的大规模召回难题，它可靠又灵活。

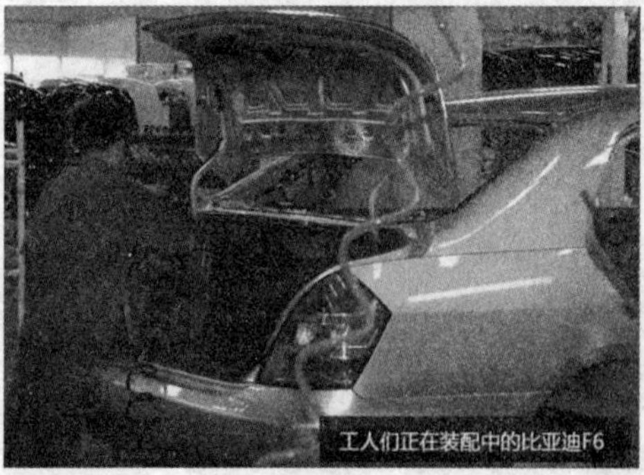
工人们正在装配中的比亚迪F6

更可贵的是，对人工和技术研发的极度推崇，让比亚迪格外注重产业链的“垂直整合能力”。只要客户提出要求，他们就能提供从方案设计到最终生产一站式服务。王传福说，代工只是比亚迪的一种服务，背后卖的是零部件，卖我们自己的技术。想和别人竞争，还要走别人走过的路，那就是自寻死路。“你和别人一模一样的打法，你凭什么打赢？”王传福说。所以，必须“你打你的，我打我的”。你把人仅仅看作劳动力，他就只能打工。而你把人看作创造者，他就是设计师。比亚迪的企业战略，其实从根本上就是要破除中国人力资源只能走廉价、低端路线这一迷信。

人的重要性

在比亚迪，人是每一个关键节点、每一种战略打法的最终执行者。对工人高压、高薪的结合可以对效率起到立竿见影的作用，但对于知识结构高、价值观和自尊心都很强的工程师这一套是不管用的。只有通过建立文化认同感，让他们追随你的理念。

在王传福看来，中国的工程师创造力是最棒的，因为他们总是工作第一，享受在后。“我觉得中国企业家很幸运，上帝照顾了我们，把这么优惠的东西放到我们这边来。而我们过去只懂管工人，不懂怎么把工程师组织起来。”他强调，利用好中国的高级人才和低级人才，让其淋漓尽致地发挥，才是“中国制造”的真正优势。

第三节　拿什么打动巴菲特

在1997年东南亚金融风暴中比亚迪成功地崛起，2008年爆发的全球金融危机对比亚迪来说又是一次幸运。这年9月，“股神”巴菲特开始关注这个靠电池起家、年轻的中国汽车制造商，伯克希尔·哈撒韦公司旗下中美能源拟以2.3亿美元收购比亚迪10%的股份，这也是巴菲特在华尔街金融风暴爆发之后，在海外进行的首笔重大投资。

2009年1月11日，美国底特律大雪纷飞，一年一度的北美车展如期而至。本次车展，比亚迪除带来了传统燃油车F6、F0外，新能源汽车

F3DM、F6DM和E6也组团亮相，此举意味着比亚迪有望成为打入西方汽车市场第一人的中国汽车制造商。

据媒体报道称，王传福在参加于底特律举行的北美车展期间，与“股神”巴菲特进行了会晤，这也是巴菲特宣布入股比亚迪之后双方首次正式会晤。双方相互赠送了礼物，巴菲特还主动佩戴上“BYD”的LOGO，表示自己是BYD一份子，力挺比亚迪的发展。而中美能源主席苏德伟(David Sokol)更是评价道：“比亚迪吸引投资者的原因之一是其1万名工程技术人员和13万名训练有素的操作工，许多都是刚刚毕业的大学生和技校生。王传福在中国创造了物美价廉的研发力量。”在2009年的巴菲特股东大会上，巴菲特称王传福是“真正的明星”。随着巴菲特的青睐，比亚迪的股价也一路飙升，从入股时的8港元左右上涨到2009年9月28日收盘价的61.85港币。亮丽的上升曲线让巴菲特赚的盆满钵满，更最终让王传福登上了首富宝座。

巴菲特认为王传福具备独特的管理运营能力，在他手下，比亚迪是个年轻而充满活力的创新型公司。早在2003年3月比亚迪刚进入汽车产业就成立了电动汽车研究部，并于2006年1月正式成立了电动汽车研究所，计划未来3年内投资10.2亿元，基于比亚迪汽车的现有基础和优势，建成电动汽车研发、测试中心和生产基地。

这位技术狂人的严谨、苛刻和认真，也许给了以精明著称的巴菲特足够的信心。而从时机上来说，眼下的当口也是诱惑巨大。人们总是试图理解巴菲特的投资哲学，看看比亚迪，它的股价曾一度达到每股70元，而卖给巴菲特的成交价是每股8港元！这可能是一只真正会下金蛋的母鸡。即便你不相信巴菲特的眼光，也该为王传福的意志所动。

第十章 直销业奇才李金元

人物名片

他年轻时曾经贩卖粮食，也曾在油田和面粉厂当工人，来到台湾发展直销事业，就连台湾经营之神王永庆也要对他另眼相看。白手起家的天狮集团董事长李金元，是中国的传奇人物，10年前创立天狮集团，让李金元名列大陆排名第二的富豪，身价将近70亿人民币。从介绍李金元的各种版本的资料中，都不难发现这样的文字：他所开创的天狮集团，如今已经成为中国最大的直销企业。

第一节 走近人物

人物速写

李金元，天狮集团有限公司及天狮美国生物科技集团董事局主席兼首席执行官。著名教育家、慈善家、企业家。

1958年6月出生于河北沧州，汉族，1995年至1997年在南开大学国际商学院企业管理专业学习，2002年在南开大学国际商学院就读EMBA。先后在油田、塑料和饲料行业工作过十四年。

青年时代，恰逢中国改革开放之际遇，怀着梦想与追求，凭着自强不息的精神，先后投身于能源、

> **李金元语录**
>
> 通往一个目标的路有好多条，也有多种走法，关键是要懂得在适当时间选择适当路径。

食品、医药等行业，积累了丰富的企业运作经验，为日后的成功打下了坚实的基础。经过多年的商海实战，李金元于1995年创立了天狮集团有限公司，并于2003年9月将集团部分资产剥离整合之后，成功登陆美国纳斯达克（NASDAQ）资本市场；2005年4月正式进入美国主板证券市场（AMEX）。2007年以150亿位居2007胡润百富榜天津地区榜首。

个人履历

先后在油田、塑料和饲料行业工作过十四年。

1992年用仅有的积蓄加上借款共2 000万元人民币创建天狮集团并投入到高钙产品的研发。

1996年，他为老家沧州投资近千万元修路、打井、建学校；

随后，他捐资40万元给天津市慈善协会，资助本市200名特困大学生入学；1997年，他出资800万元，帮助西藏、新疆贫困地区建起希望小学；1998年，他为抗洪救灾捐款捐物2 200万元，并以7 000余万元投资建起天狮职业技术学院。

1998年天狮已发展成一家以高科技产品为主导、多种产业并存发展的大型跨国集团。伴随着21世纪的曙光，李金元率领天狮集团已在国际社会建立起牢固的市场框架。

2002年，继“健康人类，服务社会，发展实业，报效国家”的企业理念后，李金元创造性地提出了“六网互动”的营销模式。“六网互动”是天狮集团有效进行全球资源整合与利用的最好说明，也是天狮几年来国际市场实践与理论的高度统一。国际互联网、国际物流网、国际教育网、人力资源网、国际资本运作网、国际旅游网的交织、牵引与互动，正有力地推动了天狮国际市场的发展，它可以保证天狮集团健康、长远、有序的发展，并在未来以较强的盈利能力和优良的品质进入世界五百强。

2011年登上了福布斯富豪榜，其资产达到12亿美元，排名第993位，在内地富豪中排名第78位。这也是他首次登上福布斯全球富豪排行榜。

第二节　草根李金元别样的创业路

李金元攫取了“第一桶金”

1958年，李金元出生于河北省沧州市李龙屯村。在他刚刚学会自己端着碗吃饭的时候，就知道了什么叫挨饿。三年的自然灾害和当时的人民公社化，让他早早把饥饿与贫穷联系在一起：要想天天能吃饱饭，必须赶走贫穷。他14岁时，就跟父亲闹着要上班，要参加工作，要自己挣钱。父亲看他年龄太小，打算过两年再让李金元去找活干。可李金元来劲了，一天要跟父亲闹上好几次。父亲缠不过他，就托人送李金元去华北油田，当了一名连工作服都穿不起来的石油工人。别看李金元才十几岁，倒很懂事，很勤快，有空儿就主动帮助老工人洗衣服、打饭买菜、倒洗脸水，大家都非常喜欢他。有时候，几个老工人下班后，坐在一起喝酒，也喊李金元座场。在油田大部分时间都野外作业，条件是非常艰苦的，而且流动性大。李金元倒觉得很有意思，很好玩。按照他的话说：今天到这儿去，明天又到那儿去，天地很大，很适合自己的性格。

两年后，领导把李金元从艰苦的第一线调到了后勤，让他负责全工段的饮食生活。骑着三轮车，到城里买米、买菜，打油、买肉，就成了李金元的主要工作。从来没有接触过经济工作的李金元渐渐地发现，这一买一卖，里面有很大的学问，有赚钱的路子。李金元想，为什么一些人不顾工

> **李金元语录**
>
> 做大事的人一定要学会放弃。一次次跌倒了又爬起来的经历，才是我最大的财富。有时候成功的过程实际上就是放弃的过程。

商部门的查处，依然偷偷摸摸地搞所谓的“投机倒把”，原来做买卖比做工来钱来得快，此时的李金元心里就痒痒了。就在他19岁那年，也就是1978年李金元辞了油田上的工作，也偷偷加入了“投机倒把”的行列。李金元可不像小商小贩一样，提一个竹篮卖个花生，倒腾几个鸡蛋，他上来就玩大的。他到农村里收粮食，收豆饼，然后用60吨的火车车皮，一车车地往南方运，这一趟下来就纯赚好几万元。让李金元玩得更顺手的是，他到农户家收粮食，收豆饼，从不支现钱，等货销完，货款汇到手时，他再把该支付的钱一分不少地送到农户手中。不少农民说，你别看小李留着长头发，穿得很时髦，人倒很实在，也很仁义。

尽管李金元的“投机倒把”活动是在乡下偷偷地进行的，但到最后还是让工商局发现了。一天，李金元刚刚收到从南方汇过来的一笔货款。突然，大街上的大喇叭响了，是工商所所长的声音：“李金元到工商所来一下！李金元到工商所来一下！”连续喊了好几遍。李金元一听事不好，赶紧把那笔货款转移出去。然后，来到了工商所。当听说要对他施行处罚时，李金元急了：“我这钱，也不、不是偷、偷来的，也、也不是抢、抢来的。你们罚我干啥？凭力气挣钱还有错吗？”

凭力气挣钱当然没错。可是在当时计划经济条件下，投机倒把就是破坏社会主义经济秩序。这一点恐怕是当时不到20岁的李金元没有意识到的。然而，正是由于这个没有意识到，却恰恰培养了李金元的经济意识。在别人还不敢干的时候，李金元已经放开手脚了；在别人想干的时候，李金元已经成为驾驭市场的“老手”了。

另辟蹊径，生意更火爆

在改革开放初期，李金元以“老手”的身份出现在了沧州的商海中。他到广州贩手表，到温州贩服装，到内蒙古贩羊皮，到青海贩粮食，自己还成立了一个贸易公司。此时的李金元才24岁。

后来，服装干洗店开始出现在大都市里，生意非常火爆。李金元一看，生意来啦。他在沧州找了几间大房子，扯电缆，安机器，忙碌了一阵子，接着就鸣炮奏乐，开张了。干什么？不是洗衣报，而是造干洗机械。说李金元是驾驭市场的老手，就在这儿。他从不步别人的后尘，而是另辟蹊径，独爆冷门儿。这时，各地的干洗店蜂拥而上，李金元就坐家里大卖特卖干洗设备，而且是供不应求。卖干洗设备与办干洗店相比，哪个生意火？哪个挣钱多？李金元心里早就把这个账算好啦。

然而，智者千虑必有一失。尽管李金元的干洗设备造得很好，卖得很火，但是在生产运作方面，还是缺少现代化大生产的理念。一台干洗机有上百个零部件，有几十条电路和一堆电子元件。按照现代企业的生产模式，零部件，委托其他厂加工，我负责组装。这样能减少投资，提高生产效率。可是李金元却少了这一手，干洗机上的大大小小的部件都是自己加工制造，结果弄了一个“小而全”。不然，李金元就成了干洗设备制造行业的巨头啦！

时间就是金钱

李金元聪明、能干，是一个地地道道的商人。但是，有时候他作出的决定，却令一般的商人感到不可思议。在上个世纪80年代初，万元户还是新生事物。千千万万中国人，特别是中国农民都为能成为万元户而四处奔波、拼命劳作的时候，李金元的一个决定，让周围的许多人瞪大了眼睛而半天没有说出话来。

那是李金元卖干洗设备的第二年，外面有不少设备款还没有寄回

来，算起来得有40多万。李金元催了好多次，对方解释说，眼下手头资金紧张，过两个月你再来一趟吧。

“时间就是金钱”。这是从改革开放的最前沿——深圳特区传出来的一句当时令众人百思不得其解的口号。20几岁的李金元却悟出了其中的真谛。于是，他放弃了要账，用要账的时间建起了一个面粉加工厂。

众人不解地问：要账与发展两者可以兼得，你为什么非得要放弃要账？李金元回答说：“一个大活人，不能把宝贵的时间浪费在要那40万的死钱上。”

第三节　普通农民的坎坷创业路

迈出一步 改变一生

1993年，李金元已不满足在沧州的小打小闹，34岁的他毅然把厂子交给别人管理，决定到外面闯荡一番，干大事业。他来到了天津。自己跑到天津，在天狮两个字下，一切从头开始。他万万没有想到，他迈出家门的那一步，就那一步，恰恰是李金元生与死、成与败的转折点。

李金元的时运并不像当初那般好。开始，他想搞房地产项目，但是1993年恰逢国家紧缩银根，加强对相关行业的监管，他未出手就受到了迎头一击。随后，李金元充满希望地将投资方向转到了一个自己并不熟悉的领域，生产一种高科技含量的营养品——骨参。虽然对营养素领域他一窍不通，但出于商人的敏感，看好了这个领域。他花80万元买回了骨参生产配方，又贷款1 200万元，在天津市武清县建立一座4 000多平方米的

> **李金元语录**
>
> 人类因梦想而伟大，因创造而进步。倡导科学，崇尚生命，是我们对新世纪健康意识的真诚呼唤；面向世界，塑造未来，是我们肩负的伟大使命，在千帆竞渡、百舸争流的国际商潮中，锐意进取，努力奋进，共创人类健康新纪元。

生产厂房。经过9个月的努力,很快进入了紧张的试车阶段。正当李金元以为自己走对路、前途一片大好的时候,命运之神再一次与李金元开起玩笑——长达三个月的产品试验宣告失败。

试车这天,同事们备足了喜庆的鞭炮,食堂备好了丰盛的大餐。人们翘首企盼着第一批合格产品的下线。可是,试车一天天地过去了,一直持续了三个多月,整整投进了180多万元的生产原料,产品却一直没有走出生产线。当李金元回头找项目发明人时,那个人早已销声匿迹了。曾经的希望顷刻间变成泡影。

1 200万,一下子砸进去了,连一个响都没听到。李金元的精神崩溃了,失眠了。他在一支接一支地猛吸着香烟。平时,他一天只能吸一包香烟,此时,一天要吸三包。他是在用尼古丁麻醉自己,还是在烟雾中寻找其他的出路?

窗外,寒风刺骨。前几天下过的一场小雪至今尚未融化。寒夜笼罩着的京津大地早已从白天的嘈杂声中静了下来。

当时针指向凌晨2点的时候,李金元从烟雾缭绕的桌子前缓缓地站起来,抖抖身上的烟灰,对着窗户玻璃搂了搂前额上的头发,然后从容地推开门朝着厂区外的一个大水坑走去。

正在厂区内值班的一名保安在巡逻时,发现李金元的办公室空无一人,而电灯还亮着。这位保安马上意识到:出事儿啦。便飞快地跑去喊厂里的闫玉朋等人。闫玉朋等人从睡梦中惊慌地穿上衣服,向前来报告的保安简要地询问一下情况后,兵分几路,四处寻找。他们找遍了全厂的各个角落,仍不见李金元的踪影。于是,大家又扩大寻找范围,从厂内找到厂外。此时,闫玉朋带着几个人直奔离厂区一华里外的那个大水坑。

原来,自从试车失败后,对李金元

李金元语录

从头再来，只要心不败，一切都可以从头再来。

我们一定要吃着碗里的，看着锅里的，想着田里的。也就是说，要将企业近、中、远的战略紧密结合在一起。

的打击太大了，情绪极不稳定，几次都流露出了要轻生的念头。这一点，恰恰被细心的闫玉朋发现了。于是，他暗地里嘱咐保安人员，一定要留意李金元的举动和行踪，有情况立即报告。李金元突然半夜出走，肯定是凶多吉少。那个荒郊野外的大水坑，不知是何年何月形成的，足有两三米深。夏天，坑周围荒草丛生，水翻气泡，蛙蛇乱窜，野鸟惊飞。冬天，这里虽然见不到了蛙蛇乱窜，但是人迹稀少，枯草摇曳，风啸波鸣，一片杀气。是投水自尽的好地方。

闫玉朋等人跑到水坑边一看，水坑深处果然有一个黑影。一见此景，大家脑子里"刷"一片空白，接着，眼泪一下子与那坑里的冰水融为了一起：完啦，李总真的跳水自尽了。这时，有一个20来岁、不懂什么叫悲伤的小伙子，在大家都掩面哭泣的时候，他却蹲在地上死死地盯住水中的那个黑影。盯了半天，只见那个黑影不像是人落水后浮上来的尸体，而是在有规律地运动。这个小伙子突然叫了一声：李总没死，他在水里游泳呢！大家赶紧擦擦眼泪，定睛一看，果然那个黑影在水里游泳呢。

大家齐声把李金元喊上岸，并帮助他穿好衣服。"大冬天的你下水坑里干啥去？"李金元面无表情地说道："眼下企业遇到了困难，要克服这些困难，我必须磨练自己的意志，有了坚强的意志，才能不为困难所吓倒。所以，我就到坑里游泳去了。毛主席不是早就说过吗？我们要到大风大浪中锻炼自己。"

自从那天到水坑里游泳后，李金元的意志似乎更坚强了一些。他知道，要想让企业生产出产品，必须求教于专家，而且是一些好心的专家。上次买骨参配方，李金元不仅向对方支付了80万元的转让费，而且还给对方买了一辆"福特"牌轿车。结果什么也没有生产出来。这回要找一个好心的专家帮助解决生产工艺上的难题，又要花多少钱呢？一天，李金元从一本专业杂志上看到了郑彭然的名字。郑彭然，中国著名的食品专家，天津市卫生防疫站权威人士。李金元眼前一亮:也许郑老能帮这个忙。他立即赶赴天津,向郑老求援。可是到郑老家不能空手去吧?带什么呢?李金元摸摸自己的口袋,只有32元钱。无奈,只好买了几斤香蕉见郑老了。郑老与李金元谈了不到20分钟,觉得这位造访的陌生人很朴实,而且的确到了山穷水尽的地步了。便答应说,这个忙一定要帮,不遗余力。

几天后,郑老邀了另几名专家直奔李金元的骨参生产车间,经过几番的观察论证,郑老认为这是工艺上的问题,要解决这个问题,李金元还需要追加投资400万元,再上几个关键设备。李金元咬咬牙:贷款投资!几个月过去了,李金元盼望已久的产品终于走出了生产线,此时的产品已不是骨参,而是高钙营养素。伴随着新产品开发成功并投入批量生产,在天津拼打了两年的李金元终于见到了奋斗的成果,他满怀喜悦地目送着一车又一车产品走出厂区,送往全国各地。

不料,从财务室传出来的一个又一个消息,如阵阵寒风,钻心刺骨,让李金元焦急不安。产品经销商们只销货物,却不及时地支付货款,一环扣一环的三角债把李金元和他的企业逼进了死胡同。在这时,很多人包括李金元的亲戚都认为,李金元的企业必死无疑了,谁要沾他的边儿,谁肯定就要倒霉。

此时已经到了1995年春节,尽管企业生死未卜,前景难料,李金元还与往年一样回沧州老家走亲戚,给长辈们拜年。初三,李金元到自己的大叔家拜年,敲了一阵门,前来开门的是自己的堂妹,她一见是李金元,就把门开了一个小缝问:你这时候来干什么?李金元一下子被问蒙了,给大叔、大婶拜年啊!那个堂妹没有领他的情,依然是双手把门,没有让李金元进院的意思。在进退两难的境地下,李金元脸一红,从门缝里挤进去了。走进屋,包括自己的亲大叔、大婶在内的七八个亲戚,没有一个搭理李金元的。因为他们都怕李金元向自己借钱。

艰难、冷落、困惑、无助,让李金元感到苦闷、不平、无奈。一天夜里,他拨通了远在东北三叔家里的电话,想对三叔述说一下自己目前的处境。可是，没说两句，李金元便失声痛哭了起来，随即就把电话挂断了。三叔知道李金元是一个宁折不弯的硬汉子，在电话里没说两句话便失声痛哭，这是一种不祥之兆：李金元肯定会因此而走上绝路。惊慌的三叔立即拨通了李金元父母家的电话，商量对策。接着，一家人便悄悄地安排着李金元四个孩子的抚养之事，这显然，老人已经预感到了此时的李金元必有大难，而且绝对是过不了这道坎了。

这时有人建议他，采用网络直销方式销售自己的产品。这一招还真灵，他大手一挥，天狮产品的网络直销分公司在全国各地纷纷出现，产品销售额直线上升，天狮集团似乎重新焕发了勃勃生机。然而，突如其来的一场变故让天狮的销售额一下子跌至零。1998年，国务院发出禁止传销经营活动的通知，包括天狮集团在内的直销和传销企业必须转轨转制，实行店铺经营。李金元面临的问题是直销人员的退货。改制后，这些人手中总价值达一亿多元的货物要在短时间退回天狮集团。天狮产品由当初的店铺经营改为网络直销，再由网络直销改为店铺经营，经这么一折腾，让李金元又蒙受了不小的损失。但李金元说：我必须要听从国家的政策，转轨转制，给国家创造一个良好的出台政策的环境，对国家、对顾客都有一个交待。

天狮全球化发展

李金元在以顽强的毅力与烟瘾作斗争的同时，也在悄悄地扣响着海外市场的大门，开始了第二次创业。

网络直销在国内受阻后，李金元开始瞄准前景广阔的海外市场，他要把天狮集团的产品通过网络直销的方式卖到国外去。那么，作为一个小型的民营企业，怎样才能撬开国外市场呢？李金元的办法是：四两拨千斤。初进俄罗斯时，李金元在圣彼得堡营建设销售队伍，前来听讲座的人不少，购买产品的却不多。有幸的是，有两位俄罗斯老太太买了两瓶天狮集团的产品。可是，她们拿回家去先喂狗喂猫，狗猫吃了没问题，她自己再吃。

尽管如此,李金元丝毫没有放弃对国外市场的追求,他凭借自身顽强的毅力和多年来在逆境中磨炼的一颗坚强的心,用四两拨千斤的办法,一寸寸地撬开了国际市场的大门。天狮在全球有800多万经营者,即是经营者又是消费者,又是股权者,又是券商,真正形成了捆绑式的发展。

已进入不惑之年的李金元把自己全部的精力用在开拓国际市场上,世界各大城市都曾出现过他的身影。成为备受人们关注的人物:2000年8月3日上午,庄严的莫斯科红场突然宣布戒严,全副武装的军警在红场周围拉上了警戒线,100多位俄罗斯政要伴随一支豪华车队浩浩荡荡地开进了红场,不少俄罗斯人奔走相告:他来啦,他来啦。掌声、鲜花、热情的人群把李金元包围的水泄不通。

这几年, 李金元的足迹遍及世界各地, 他把自己生产的五大系列近200个高科技生物产品推向180多个国家和地区。目前世界上有几百万不同肤色的人在为天狮工作。2003年李金元在德国举行的天狮集团国际年会上, 拿出100辆宝马轿车,30架飞机和40艘游艇来奖励在海外有突出贡献的员工们。颁奖那天,地面,空中和水上热闹非凡,金发碧眼的老外们惊叹不已。这位中国的企业家可玩大了,作为一个企业来说,举办这样一年一度场面宏大的国际盛会,即便是在欧洲也是并不多见的。而李金元的天狮已经举办了四次。

天狮集团也由一个小型民营企业打造成了一个以高科技生物产业为龙头,兼顾金融、地产、教育、文化、物流等多种产业并存的跨国集团。天狮李金元正迈向他人生道路的又一个新的起点。